新时代财政理论创新探索

“长沙会议”纪实

中国财政学会 编

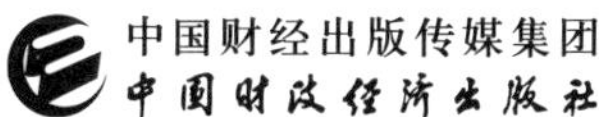

图书在版编目（CIP）数据

新时代财政理论创新探索."长沙会议"纪实 / 中国财政学会编. --北京：中国财政经济出版社，2021.1

ISBN 978-7-5095-2570-8

Ⅰ.①新… Ⅱ.①中… Ⅲ.①财政理论－中国－文集 Ⅳ.①F812.0-53

中国版本图书馆CIP数据核字（2021）第010795号

责任编辑：闫　娟　　　　责任印制：刘春年

责任校对：胡永立

新时代财政理论创新探索——"长沙会议"纪实

XINSHIDAI CAIZHENG LILUN CHUANGXIN TANSUO——"CHANGSHA HUI YI" JISHI

中国财政经济出版社 出版

URL：http：//www. cfeph. cn

E-mail：cfeph@cfeph. cn

社址：北京市海淀区阜成路甲28号　邮政编码：100142

营销中心电话：010-88191522

天猫网店：中国财政经济出版社旗舰店

网址：https：//zgczjjcbs. tmall. com

中煤（北京）印务有限公司印刷　各地新华书店经销

成品尺寸：165mm×240mm　16开　15.25印张　137 000字

2021年2月第1版　2021年2月北京第1次印刷

定价：78.00元

ISBN 978-7-5095-2570-8

（图书出现印装问题，本社负责调换，电话：010-88190548）

本社图书质量投诉电话：010-88190744

打击盗版举报热线：010-88191661　QQ：2242791300

前　言

财政基础理论创新的底层架构和基本要求

——2019年中国特色社会主义财政基础理论暨财政学科建设研讨会观点综述

2019年12月1—2日，中国财政学会在湖南长沙召开“新时代中国特色社会主义财政基础理论暨财政学科建设研讨会”。来自全国高等院校、科研机构、政府部门的近百位财政领域专家学者围绕财政基础理论创新、财政学科建设发展、现代财政与国家治理等主题展开热烈讨论。现将会议主要观点综述如下。

一、“公共风险”概念统一实证分析与规范分析

社会科学与自然科学研究的方法根本不同。自然科学尤其是物理学、化学等实验科学，经过无数的试验得出来的结论必须相同，与观察角度、立场和价值观没有关系。财政学等社会科学与观察的角度、立场、价值偏好是直接相关的，结论与立场紧密关联，这里的立场可能是隐性的，但有内在关联，立场不一样，或者说有相同的立场但观察的角度不一样，得出的结论就会不一样，经济学、财政学以及其他的社会科学都是如此。社会科学的理论问题是寻求共识，按照共识去实践、行动，成为主流理论，对社会科学的研究不

能模仿自然科学，中立和客观几乎不可能。

社会科学的研究是有立场和价值偏好的，但不确定性以及由不确定性延伸出来的风险是个人、国家、社会都厌恶的，这与价值观无关，不需要立场预设。风险是能把实证和规范统一起来的逻辑起点，实证分析和规范分析分别对应“是什么”和“怎么办”，能把二者统一起来的概念只有“风险”，风险不是实体事实，属于虚拟事实，是虚拟理性和实体理性的叠加，故而可以实现统一，而在纯粹的实体理性中实证和规范是难以统一和融合的。从整个国家、社会共同体的角度来看，只有“公共风险”这个概念可以统一实证与规范，较少受价值观影响。

二、将公共风险论作为财政基础理论的底层架构

财政问题是社会共同体面临的基本问题，具有天生的公共性，从哲学上看源于个体与整体的主体关系——集体不能撇开个体，但集体也不是个体的简单相加。当前财政学研究的集体或公共性只是个体的相加，是基于西方经济学的延伸，财政学教材也以市场失灵作为逻辑起点来分析财政问题，导致财政在逻辑上依附于市场功能，没有形成独立存在的逻辑基础。延伸来讲这就涉及政府与市场的关系，从逻辑上说政府与市场存在谁更优先的关系，在经济社会转轨的过程中，市场化改革的内在逻辑就是在资源配置中市场更加优先，市场能做的尽量交给市场，政府就不要管。市场化改革时期上述趋向完全正确，但这种逻辑关系是否在任何条件下都成立，政府与市场的性质是相融还是相斥，是对立还是统一，还需要进一步思考。因此，将市场失灵作为财政学的理论基础，从实用主义角度来说是有用的，但是从财政学科发展的角度来说则很难立住，而且基于市

场失灵推断财政问题和财政研究对象，财政学就会成为经济学的补充和附庸，只能称之为财政经济学。

基于国家治理的财政学的逻辑起点应建立在公共风险基础之上，因为只有公共风险才能把国家治理、社会共同体、内在公共性这些财政学的基础概念与范畴统一起来。公共风险始终存在，公共需要也就是防范化解公共风险的需要，除此之外没有其他需要国家或政府去解决的，所以国家这个社会共同体始终存在，而这种存在是源于人的基本生存状态。人既是个体的生存状态，同时也是集体的生存状态。人是个体的人，也是集体的人、社会的人。在这个意义上，每个人都是量子叠加态。基于个体的个人主义的分析思路、分析方法，个人本位的分析，是西方经济学的哲学基础，是个人主义的哲学，而财政要研究的问题恰恰是集体本位、公共本位，研究共同体的问题，这两者尽管有内在关系，但集体本位和个人本位是有差异的，个体本位不是否定集体本位，个体权利也不是否定集体权利，两者都有存在的独立价值。不能说把一切归结到个体，或把终极意义归结到个体的权利。如果解构国家、解构社会、解构政府只有落到个体权力上才有价值和意义，那么国家、社会共同体存在的独立价值就仅仅成为一种工具，这就是只看到人的个体生存状态，忽视了人的集体生存状态，陷入极端个人主义，导致财政变为只为个体服务的工具，而不是个体之间的纽带，其内在的公共性消解，而实际上财政要解决个体不能解决的公共性问题——公共风险，避免公共危机。

有学者通过对氏族社会、国家产生萌芽时期、封建王朝时期及新中国成立之后财政活动的探究，发现公共风险是财政产生和发展的本源。国家治理下现代财政活动的主要特点包括致力于解决地区发展不均衡的风险问题，活动领域扩大，对经济社会发展的兜底作用更加明显，政府、企业和居民个人必须要权责对应、风险共担等。因此用公共风险作为切入点来思考和解决当前重财政分配、轻财政管理，部门和部门权责划分，政府间财政事权和支出责任划分，预算执行阶段绩效控制不足，技术工具改革片断化等问题，是可行的。

三、财政基础理论创新与财政学科建设的基本要求和原则

财政基础理论与财政学科建设要适合新时代的需要。新时代有新任务新要求，更重要的是对新时代要有新认知，大的方面毫无疑问必须回到党中央的判断上来，这既是讲政治的要求，也是我们从现实出发研究问题的基本要求，而国家的政治结构和变化对财政学和财政理论来说是无法回避的重大现实，财政学离不开政治，预算问题就是政治问题，研究预算、研究财政总是和政治密切联系在一起。因此，密切关注中央重大决策部署，结合我国发展的阶段、现实的情况和存在的变化进行财政基础理论创新必要且不可或缺。

有学者认为，讨论财政问题不能回到计划经济下对财政的理解，基于市场经济来讨论财政问题是非常重要的现实基准，“公共财政”的“公共”一词典型地概括了市场经济基础上的财政的根本特征，第一，公共财政是为市场提供公共服务的财政；第二，公共财政是人民群众的财政。“现代财政制度”是新时代中国特色社会主义条件下所形成的公共财政制度，它的实质还是公共财政，我国现行财政制度是市场经济体制的产物，它具有“公共性”这一根本属性。

有学者指出，需要对财政学基础理论的概念形成共识。财政学基础理论的术语使用和内涵分歧较大，既影响学界内部对话，也容易引起外部对财政学研究的学术意义和价值的质疑。财政学基础理

论属于理论研究，对应了财政学的应用研究，其研究对象比一般的理论研究更加抽象，聚焦于财政理论背后的国家观念和方法论基础。在位序上，基础理论居于观念和方法论层面，高于具体财政理论研究，直接影响具体财政理论研究的取向和研究方法。

有学者指出，有中国特色、符合时代发展要求的财政学和财政制度的特有社会价值体系和管理制度基础包括以下几个方面：从发展阶段来看处在经济高质量发展、实现社会公平、承担大国责任的历史时代；就中国特色而言，政治制度坚持中国共产党的领导、实行人民代表大会制度，政府行为目标是以人民幸福为己任，具有与他国不同的执行力；从所有权看实行土地公有制制度，政府和全体公民拥有庞大的国有资产和资源；从特定的社会价值体系看，强调劳动的作用，重视劳动与资本的关系；从人口流动的管理制度看有实行多年的户籍制度。因此，研究中国特色社会主义财政基础理论必须基于我国特有的社会价值体系和管理制度基础，否则就会与中国特色时代发展要求相背离。

有学者指出，财政涉及经济社会发展和人民生活的方方面面，有其客观存在的特殊性，因此作为研究财政运行规律及其主要矛盾的财政学科自然也有其特殊性。财政工作既是经济工作，也是管理工作，同时还涉及法律、社会、科技、文化等方方面面，更是国家宏观调控的重要手段，属于为国家治理服务的综合范畴。因此，财政学科不能简单地归结为经济学或管理学，而应是多学科交叉融合的独立一级学科。有学者认为，财政学科建设与专业培养、人才培养紧密相关，应努力提高人才培养的专业化、多样化和国际化水平，并结合新形势更新课程设置，如增加数字财政、人工智能课程等。培养富有认知力、行动力和情绪管理力的财税“真”人，

"道""术"同修，避免人的"异化"。

四、财政基础理论研究的分析方法和认识论

财政基础理论研究要从现代经济学的个人主义分析方法、认识论，尽快转换到符合公共财政公共本性的、内在于集体主义的分析方法和认识论。公共财政中"公共"二字来源于西方国家，但与中国语境下的"公共"有区别，西方语境下的"公共"首先是纳税人概念，而且在谈到纳税人权利时并不包含无能力缴税的人的权利。所以从历史来看，财政早期的所谓"公共"针对的只是有能力纳税的人，后来才演变成人民的财政、老百姓的财政，这是与国际共产主义运动和工人运动直接相关的，涉及对中国特色社会主义制度的认识，当前我们一再强调的人民主体、以人民为中心的发展思想等基本理念，都直接关系到财政基础理论研究。

有学者认为，马克思主义财税观的核心要义对当前财政基础理论创新和财税改革具有重要意义。一是马克思主义关于财税是"一个反映特定分配关系的经济范畴"的概述诠释了财税的本质，阐明了财税与政治、经济的辩证关系，为我国财税经济思想奠定了坚实的理论基础，有利于我们认识社会主义财税的核心本质和基本职能。二是辩证唯物主义方法论是新时期认识财税发展规律、揭示财税与其他经济现象的普遍联系、分析和解决财税问题的根本方法，而其中蕴含的财政思想对于我国财政理论创新及实践变革具有重要指导价值。三是马克思主义坚持"一切为了人民、一切依靠人民"的根本政治立场深度契合于我国新时代"以人民为中心"的发展思想，对于我国财税改革应着眼于解决效率与公平的矛盾的理论指引意义重大。

有学者指出，国家治理视角下的财政学基础理论创新要将良好的法律与制度摆在理论的中心位置，重新探讨人性问题或促使经济人假设的“灵魂”回归，解决合作中人的动机、知识和权力问题，必须以市场化经济哲学和民主化政治哲学为基础展开深层辨析，以保证其内在逻辑的一致性。有学者认为，财政学作为一门学问，是在人类社会临近进入自由市场经济阶段才出现的，因此财政与国家治理之所以能发生紧密关系，主要是在于人类社会跨入市场经济阶段后，市场经济对原有的社会公共秩序产生剧烈冲击，并对国家治理不断提出新的要求和带来新的挑战。

五、财政基础理论创新与财政改革实践

财政基础理论应该有一般的解释力，即能够说明不同形态、不同发展阶段国家财政活动的基本规律，同时也应有能力解释财政特殊的问题，即不同性质、不同发展阶段的国家其财政运行的特定规律。有中国特色的社会主义财政体系，是由有中国特色的政治经济社会制度决定的，至少涉及政治、经济、社会三个重要领域，当前财政学理论研究很少有把中国特色的政治、经济、社会形态融合到理论分析当中，更多的是用来分析一些具体的对策问题，导致无法从中国实际出发来构建指导中国实践的财政学，更不能产生世界性的影响。还有学者认为财政基础理论要有一定抽象性，这样才能有概括性和指导性，而当前财政学研究更多的是应用问题，现实的、就事论事的讨论比较多。

有学者认为，现有的财政基础理论不足以解释和指导实践，如对公共产品最优配置的条件尚未形成共识，无法解释在支出规模既定的情况下，国防、科技、外交等支出领域之间的最优比例，也无

法解释28个收支分类科目如何实现最优配置。有学者指出，当前主流财政学教科书的主要内容只是微观财政经济学部分，难以解释全部的财政现实问题，完善财政学科建设应尽快补充财政管理学、财政制度学、比较财政学、财政决策、企业和个人视角下的财政学等内容。但也有学者强调，理论产生的最终目的是为了更好地指导实践，财政基础理论主要表现在它的抽象性和概括性，对于现实问题，基础理论提供的是方向，要经过转化而不能直接用于解决具体的某一个细节问题。

有学者指出，中国财政基础理论在不同阶段的典型观点和主流学派的形成是根植于中国特色社会主义建设实践的思考，与经济社会发展转型密切相关。国家分配论、共同需要论、公共财政论以及当前财政基础理论创新不是简单的否定和替代关系，需要继承和发扬合理的部分，从而将中国特色的财政实践上升为一般财政逻辑的概括。

六、关于财政制度与财政体制

有学者强调，现代财政制度包括以下四个特征：一是适应社会主义市场经济体制；二是适应新时代社会主要矛盾变化，通过再分配解决涵盖物质精神、社会制度、公平正义等多方面的人们美好生活需要的问题；三是面向全球治理，建设大国财政；四是契合现代科技发展的趋势，充分利用现代科技发展的成果，突破时间、空间、思维维度限制。

有学者指出财政收支占GDP比例表明政府占有和支配资源的力度，缴纳人有负担也有福利，财政收入占比高不一定是坏事，还要看支出结构。当前我国存在一些结构性的财政负担失衡必须引起关

注：一是地区间的财政负担不均衡，部分地区的税收优惠政策力度较大，产生马太效应；二是中低收入者的税负比较重；三是行业间的财政负担不均衡。进而提出财政减负可以在已有的减税降费基础上增加企业和社会公众可支配收入，注重隐性负担，同时配合强征管少优惠，实现财政公平与正义。

有学者从历史和中外比较的视角归纳探讨央地关系，认为“放权”或“财政分权”不足以构成中国地方政府在社会经济发展中作用的全部激励，只是调动地方政府积极性的必要条件。政府体制机制是否有效，既取决于政府间权利与责任的合理配置，也取决于通过激励与约束机制的设计使得治理政府的人与老百姓之间在利益上保持高度一致，把为人民谋幸福作为己任，而调动中央和地方两个积极性更主要的在于调动后者的积极性。

（中国财政科学研究院　孙维整理）

目录

主旨发言

专家研讨

[主旨发言]

ZHUZHI FAYAN

刘尚希

中国财政科学研究院

财政学基于国家治理、社会共同体、内在的公共性，要把这些概念与范畴统一到一个逻辑基点之上，我的结论只能是公共风险。

一、我们致力于搭建财政基础理论研究平台

中国财政学会、中国财政科学研究院，一个重要的职能就是搭建平台，希望提供一个平台让各位专家、学界同仁进行探讨。在信息社会，尤其是数字化趋势这么一个大的背景下，机构的平台化越来越明显了。中国财政学会、中国财政科学研究院不仅仅是要搞自己的研究，更多的还是搭建平台，推动中国财政学科的发展，尤其是基础理论的研究。过去对基础理论探讨比较多，现在从发表的论文来看，关于基础理论的研究可以说是凤毛麟角，记得有一次有位学者做了一个文献分析，年轻学者几乎很少愿意去探讨财政基础理论问题。在国家教育部的系统中，财政学教指委就财政学科建设方面做了大量工作，财政基础理论与财政学科到底应该如何建设，如何适合新时代的需要，现在面临很多新问题、新挑战，需要我们去深入思考。

进入新时代有新任务新要求，当然更重要的是对新时代要有一个新认知。如果没有新认识，新时代仅仅就是一个概念，和以前差不多。我们怎么样去认识？大的方面毫无疑问必须回到党中央的判断上来，这既是讲政治的要求，也是我们要从现实出发，研究问题的基本要求。什么是现实？什么是实际？国家的政治结构、政治变

化，对财政学来说，对财政理论来说，这也是一个不可忽视的实际，无法回避的重大现实，千万不要以为研究学术问题就可以不谈政治。其实其他的学科是可以的，自然科学是可以的，唯独财政学离不开政治，预算问题就是政治问题，研究预算、研究财政总是和政治密切联系在一起。所以密切关注中央重大决策部署，结合我国发展的阶段、现实的情况和存在的变化来进行研究，是必不可少的。

这些年我们一直致力于搭建平台，为大家提供舞台，推动全国财政基础理论的研究，做了一些工作，也收到了一些成效。但从发表的论文，尤其从《财政研究》发表的文章来看，大家对基础理论研究的投稿不是很多。我作为《财政研究》的主编，希望看到一些眼前一亮的财政基础理论论文，但我们接到的大多数稿件是实证模型，基于中国的数据来得出一个结论。这当然也是一种科学研究的形式和方法，但是不是真正有科学的内容，有些还是需要进一步探讨的。基础理论的研究不排斥用数学、数理方法，但要用计量的方法研究基础理论问题，可能有点难度。对财政理论的研究有积极的变化，但整体感觉还是需要进一步来推动整个学界，不仅仅是财政学界，而是整个社科界对财政的关注，加大对财政问题理论研究的力度。从整个社会科学来看，我们财政学科的地位和金融学科相比有明显的差距。金融学科可能是受市场驱动的影响，越来越引起社会的关注，研究的越来越多；财政学科研究的是公共性问题，其实公共性问题和老百姓直接相关，比如说房产税，引起了广泛关注；又如个人所得税，其中一个税制要素的调整，都会在社会上引起热烈讨论。这些问题社会关注度是很高的，但受全社会关注的财政问题以及背后的财政学科，财政学在整个社会科学中的地位，与财政作为国家治理的基础和支柱的这个定位是不匹配的。从这一点来说，反映出财政理论的研究，财政学科的建设是滞后的。

基于这样的想法，我们在做这方面的推进工作。今后，还要更多地召开这样的会议，我们要搭建一个更好的平台，不仅仅是线下的平台，还要搭建网上的平台，以此来推动学界对这些理论问题，尤其是基础理论问题的研究。这是基于我作为中国财政学会副会长、财科院的院长想讲的看法。

二、社会科学研究要回归到对世界本源的认知

下面作为一个学者，以研究人员身份谈一谈自己的观点和看法。社会科学和自然科学是不一样的，自然科学讲的是实验科学和思维科学，实验科学是物理学、化学等，思维科学讲的是数学、逻辑学。讲科学的时候，有的人说把物理、化学、数学当成科学，有的人说数学不是科学。不管怎么样，自然科学的研究与社会科学的研究，

其方法上是根本不同的。

自然科学尤其是实验科学，与观察的角度没有关系，与立场没有关系，与价值观没有关系，经过无数的试验得出来的结论必须是一样的。但社会科学，像财政学，与观察的角度、立场、价值偏好是直接相关的，所得出的结论与立场紧密关联。这个立场可能是隐性的，并未告诉别人，但内在关联在一起。所以立场不一样，或者说有相同的立场，但观察的角度不一样，得出的结论就会不一样，社会科学、经济学、财政学以及其他的社会科学都是如此。社会科学的理论问题是寻求一个共识，形成共识了，大家都认可了，按照这个共识去实践、行动，这个共识就成了主流，成为主流的理论。对社会科学的研究，模仿自然科学是无法做到的，强调中立、客观几乎不可能。更不要说究竟什么是客观，这恐怕也是当前条件下需要重新定义的。

现在自然科学的发展，尤其像物理学、量子力学的发展，对什么是客观什么是主观已经颠覆了，只是我们的哲学、观念、所用的概念还是停留在牛顿力学的基础上来思考和讨论现实的问题。因为牛顿是绝对的时空观，客观、主观都是绝对的，这些都是过去在牛顿的经典力学基础上形成的一套认识和概念，到爱因斯坦实际上已经开始变了。研究的对象和观察者已经结合在一起了，这就是相对论了。观察者和被观察的对象是不能分开的，到了量子力学以后变化就更大了，这个时候人的思维、意识，观察者与观察研究的对象已经是在一起了，成为一个整体。最著名的是量子力学讲的“薛定谔的猫”，量子通讯、量子计算，量子纠缠是可以用来通讯的，量子的叠加态应用于量子计算。自然科学对世界的认知发生了根本性变化，但我们的哲学没有基于自然科学的发展及时进行总结，提出一些新的认识，或者我们的认识从哲学的层面上看，是停留在牛顿力学时代，问题是现代自然科学发展早就突破了原有逻辑框架。如果把人的肉身比作电脑的硬件，把我们的意识比作电脑软件，那软件几乎没有升级，停留在牛顿那个时候，没有随着相对论的出现而升到2.0版，没有随着量子力学的发展升到3.0版，用这个1.0版本的电脑去运行处理复杂的问题，会经常卡壳、死机。当前在社会科学研究中出现了一些困惑，甚至陷入了一种困境，就像电脑的软件没有升级时常被卡住、死机一样，就是这种情况导致的。社会科学有不同的价值观、不同的立场，出现不同观点太正常了。过去说盲人摸象，摸的东西是不一样的，导致大家的看法存在分歧，所以需要百花齐放，百家争鸣，让大家摸到的不同部位能否凑起来，呈现一个完整的“象”出来。因为立场的存在，这个象往往出不来，大家摸的不是同一个东西，有的摸的是象，有的摸的是狗，有的摸的是猪，怎么可能呈现同一个东西呢？所以这种争论是没完没了的，这种争论也是正常的。这是我们社会科学研究的特点，有争论是好事。

研究这些社会科学的问题，有些就是要回到哲学的问题上去探讨，要回到人类的基本生活方式、生存方式去探讨。把那些最基本的东西找出来，可能这些东西更具有持续性或者说更具有根本性的影响。

三、风险是人类永恒的话题

刚才说到社会科学的研究是有立场的，是有价值偏好的，有一个东西是大家要去回避的，或者都是厌恶的，即不确定性，以及由不确定性延伸出来的风险。奈特在《不确定性、风险及利润》一书中给风险的定义是基于概率的角度。一般来说，谁喜欢不确定性，谁喜欢风险？七上八下、焦虑不安，这些反映了一种内心的不确定性，心理的不平静，心里不安定，心不静人就会出现各种各样的毛病。所以，从心理学的角度来看，心如止水、心定气闲，心不定就会心浮气躁。不确定性的状态会产生恐惧，恐惧的来源是什么？就是不确定性，谁希望生活在恐惧中吗？当然，有的人喜欢恐惧，如看恐惧片、看鬼片，听一点鬼怪的故事，对这些东西有一种内在的需求。有的听完了鬼故事就很害怕，看完恐怖片就睡不着觉，这就是不确定性。可控的风险大家是喜欢的，如玩游戏、打麻将，那是不确定性带来的乐趣。如果打麻将事先知道结果，就没有什么意思了，游戏乐趣就是有一点不确定性，但是这个游戏一定是可控的。有一点风险，大家去冒冒险，寻求一下刺激，像蹦极也是可控的。如果风险不可控，蹦极跳下去有可能生、有可能死，概率差不多，那有几个人去玩呢？这是由人的生物学特征来决定的，没几个人想死，除非得了抑郁症、想自杀的，那是不正常的。风险实际上是对生存、生命所带来的危险。

一个国家、一个社会同样有这种风险，这样的风险是公共风险，这是没有什么价值偏好的，不需要讲什么立场预设。要说到资本主义、社会主义可以引出很多争论，有的说资本主义好，有的说社会主义好；有的说公有制好，有的说私有制好，这几百年来的争论少吗？这种争论都是因为价值观不同，立场不一样。但是，没有一个国家喜欢危机，无论是什么主义的国家，哪个国家喜欢危机、喜欢不稳定、喜欢社会动荡、喜欢战争？没有。这与价值观没有关系。

风险是能把实证和规范统一起来的逻辑起点。实证分析和规范分析，一个讲是什么，一个讲应怎么办。能把这两者统一起来的唯一概念，想来想去就是风险这个概念。风险不是实体事实，属于虚拟事实，是虚拟理性和实体理性的叠加，故而可以实现统一，而在纯粹的实体理性中实证和规范是难以统一和融合的。从整个国家、社会共同体的角度来看，那也就是公共风险这个概念，除此以外，没有其他概念统一实证与规范，可以较少受价值观影响。财政问题是社会共同体面临的基本问题，公共财政在英文的语境下一定是有Public这个限定词的，若只是Finance，则不知道是说金融还是财务，还是财政，那要看上下文。但在中文的语境中，我们说财政就要联系不同的背景，在计划经济下讲财政无所谓公共性，因为政府大包大揽了；在市场经济下讲财政，毫无疑问是公共的。财政具有天生的公共性，这是毋庸置疑的，它的公共性既源于市场，也源于个体与整体的关系。从这一点来说，还要根据语境、背景去判断。市场化改革的过程中，在财政前面再加上“公共”二字，凸显财政的公共性，这对推动财政改革发挥了重要的导向作用。当我们说“公共财政”的时候，往往是一个特指的概念，是一个具有改革导向意义的概念；谈财政政策的时候，一般来说就不需要去谈公共财政政策，说财政政策即可；讲到现代财政制度的时候，就不需要强调现代公共财政制度，讲现代财政制度即可，但是这并未否定财政内在的公共性，这是它的基本属性。

四、理论创新呼应时代的召唤

讨论财政问题不能回到计划经济下对财政的理解。我们是基于市场经济来讨论财政问题，这个是非常重要的现实基准。财政的公共性决定了它研究的问题，是社会共同体的问题，这决定了问题的性质。过去的国家分配论、共同需要论，这些研究框架都是基于社会共同体的问题。从哲学上就是集体和个体的问题，这涉及集体和个体的主体关系问题。涉及集体不可能撇开个体，但集体不是个体简单的相加，不是1加1等于2的概念。当前财政学中呈现的集体或公共性似乎是个体的相加，都是基于经济学的基础上延伸出来的，所以叫财政经济学，这个经济学又是西方的经济学，跟我们传统的政治经济学又有差异，所以当前财政教科书都是从市场失灵作为逻辑起点来分析问题的。这从逻辑上看存在问题，财政问题是因为市场干不了，所以财政才会存在，因为市场失灵了，所以才有政府、才有财政，这个财政学是随着市场失灵的大小而变化的。市场失灵越多，财政发挥的作用就大；市场失灵越小，财政的作用就会越小，财政在逻辑上实际就依附于这个市场的功能。这种情况下，市场失灵越来越小，推到极限市场万能，那政府可以消失，财政可以没必要了，一切可以交给市场去干，这当然是不可能的，这是一种极限。还有一种是市场失灵越来越大，那就需要政府发挥作用，到极限这就是计划经济。从逻辑上分析，财政学建立在市场失灵的基础上，就是一个派生的东西，没有独立存在的逻辑基础，是依附于市场的。

延伸开来，这就涉及政府与市场的关系，政府与市场是什么关系？在逻辑关系上说，政府与市场有一个优先的关系，在逻辑上谁是第一，谁是第二。在经济社会转轨的过程中，市场化改革的内在逻辑，就是在资源配置中把市场摆在第一位，政府摆在第二位，市场能干的尽量交给市场，政府就不要管。市场化改革时期这种趋向完全正确。这种市场第一，政府第二的逻辑关系，是不是在任何条件下都成立呢？这恐怕也要去深入思考了。在性质上，政府与市场是相融还是相斥，是对立的还是统一的，这个也需要深入思考。

政府与市场的关系，谁是主动、谁是被动？在转轨时期，毫无疑问政府在主动改革，但在资源配置上市场要发挥基础性作用，到现在说的发挥决定性作用，市场能干的交给市场。宏观调控很显然是被动的作用，现在提出宏观调控要增加前瞻性、主动性，宏观调控不能是被动的。所以政府与市场的关系中，政府是主动还是被动，这些都涉及政府与市场的关系，政府与市场的关系非常复杂，以至于我们到现在还没有真正研究清楚。基于市场失灵来推断，作为财政学的理论基础，从实用主义的角度来说是有用的，从财政学科发展的角度来说，它可能是很难立得住的。当然，在短时期可以立得住，比如说应急，在沙滩上搭一个房子也能住，但这是临时建筑的，如果时间长一点就不能在沙滩上盖房了。基于市场失灵去把财政的问题、财政研究的对象推断出来、推论出来，财政学就是经济学的补充，成为了经济学的附庸。现在的财政学就是财政经济学，从经济学角度衍生出来的。

五、把公共风险论作为财政基础理论的底层架构

财政学的逻辑起点放在市场失灵的基础上，是当前的一种状态。现在，财政有了新的定位，就是党的十八届三中全会《决定》中说的，财政是国家治理的基础和重要支柱。从国家治理的角度来看财政学，从经济学视角来研究财政，仅仅从市场失灵来推断财政研究的对象恐怕是不够了，需要重新思考。那么，财政学应当建立在什么基础上？这些年我一直在琢磨这个问题。

财政学基于国家治理、社会共同体、内在的公共性，要把这些概念与范畴统一到一个逻辑基点之上，我的结论只能是公共风险。公共利益、公共需要、共同需要也是公共风险问题。我们需要的公共需要是什么样的公共需要？也就是防范化解公共风险的需要。除此之外，还有什么需要国家或政府去解决的吗？没有了，其他都是个体的事。一个大石头挡住大家出路的时候，大家齐心协力去搬石头，这就叫具体行动，这块石头就是挡住出路的公共风险，这是唯一要做的事，石头搬走之后各走各的路。但是，这样的公共风险始终存在，所以国家这个社会共同体总是存在，这种存在是源于人的基本生存状态。

人既是个体的生存状态，同时也是集体的生存状态。人是个体

的人，也是集体的人、社会的人。在这个意义上，每个人都是量子叠加态。你既是个体人，既是属于你自己的，有生物属性，又不是属于你自己的，是集体的人，具有社会属性。干部是国家的，党员是属于党组织的，作为儿子是属于父母的，现在强调独立，但是独立是有限度的，血缘无法割断。基于个体的个人主义的分析思路、分析方法，个人本位的分析，恰恰是西方经济学的哲学基础，它是个人主义的哲学。财政要研究的问题恰恰是集体本位、公共本位，研究共同体的问题，这两者尽管有内在关系，但集体本位和个人本位是有差异的，两者都是有独立存在的价值。不是讲个体本位就否定集体本位，讲个体权利就否定集体权利，两者都有存在的价值，都有存在的独立价值。不能说把一切东西归结到个体，或把终极意义归结到个体的权利。那这样就是“原子论”思维，就像观察生命，只看到细胞，忽视由细胞组合而成的生物。现在就有一些观点，解构国家、解构社会、解构政府，似乎只有落到个体权力上才有价值和意义，国家的存在、社会共同体的存在没有独立价值，似乎仅仅成为一种工具了。这只是看到人的个体生存这种状态，忽视了人的集体生存这种状态，陷入极端个人主义。这样研究问题，财政实际上就变成了只是为个体服务的工具，而不是个体之间的纽带，其内在的公共性就消解了。财政研究怎么样解决一个个人的问题，那就彻底错位了。财政要解决个体不能解决的公共性问题，这里就是指公共风险，避免公共危机。

我们要从现代经济学的个人主义的分析方法、认识论，转到符合公共财政公共本性的、内在于集体主义本位论。公共财政的“公共”两字本来是从西方国家来的，它的公共和中国语境的公共是有区别的。它的公共首先是纳税人的概念，在阶级分析的理论框架中实际上是讲资产阶级、有产阶级，无产阶级没能力纳税，那无产阶级有什么纳税人权利？没有财产就没有权利，也就排斥在“公共”之外。讲纳税人权利的时候，把很多无能力缴税的人的权利撇在一边了。有人说，我们都是纳税人，不是现实的纳税人，就是潜在的纳税人。但从现实来看，潜在的纳税人跟现实的纳税人是不一样的。潜在的纳税人发出的声音和现实纳税人发出来的声音一样吗？没有缴税的靠一边去。所以从历史来看，财政早期的“公共”针对的就是那些有钱人、有能力纳税的人，它带有那个时代的烙印，跟普罗大众没有直接关系。只是后来财政慢慢演变，变成了人民的财政、老百姓的财政，是与国际共产主义运动和工人运动直接相关的，这就涉及对现在中国特色社会主义制度的认识。当前一再强调人民主体、以人民为中心的发展思想等这些基本的理念，与现在的财政基础理论都有直接的关系。这些问题都是值得深入讨论的基础性问题。

总之，现有财政学逻辑起点需要调整。我个人的看法或者说我的主张是，适应国家治理的财政学逻辑起点，要建立在公共风险基础之上。还有一个很重要的问题，风险社会的大背景，以及对世界的认识。世界的本质不是确定性，而是不确定性。这是量子力学的发现，物理学家霍金做出的归纳。德国的社会学家贝克说，“现在人类社会是个风险社会”，他判断了人类文明进程，我们目前的社会包括全球所处的现状。这与量子力学的发现是一致的。基于风险社会这个人类发展趋势的判断来看，高度不确定性是这个时代的基本特征，所以公共风险的逻辑是成立的。

百花齐放、百家争鸣，我们搭建舞台，在这个舞台上来争论、讨论问题，共同来推动财政学、财政学科的发展，是我们共同的职责、任务，也是新时代共同的使命，我们一起努力。

[主旨发言]

ZHUZHI FAYAN

张　馨

厦门大学

“现代财政制度”就是“现代的公共财政制度”。具体到我国来说，改革开放以来所建立的新的财政制度，还可以加上中国的、新时代的、中国特色的等定语，那就是中国的“现代财政制度”。

此次会议是财政基础理论研讨会，探讨的是基本理论问题。在最基本的理论问题上，这几年实际上有一种很强烈的改变趋势，是什么改变趋势呢？过去我们一直说“公共财政”，但“公共财政”现在到底怎么样了？好像不谈了。党的十八届三中全会关于全面深化改革的决定到现在五年了。在这个决定中对财政提出了一个新概念，即“现代财政制度”，而不是使用“公共财政”这一术语了。这样问题就出来了，到底应该怎么理解？这个新名词一出来，对“现代财政制度”马上有各种各样的解释。有的人说这已经不是公共财政了，有的人说这就是公共财政，是现代的公共财政制度，有各种各样的说法。这些问题到底怎么看，到底还讲不讲公共财政？这是最尖锐的问题，也是最基本的财政理论问题。

假如不讲公共财政，改革开放以来的研究所形成的基本理论，在座所有老师和同学们上课的课程、教材全部要改。这个事情怎么看？我个人的体会，公共财政是市场经济条件下的财政，是市场经济体制就一定是公共财政，不是市场经济就不是公共财政。如果否定公共财政，就不是在市场经济的基础上来认识财政问题了。假如市场经济基础上的财政不是公共财政，那就不知道是什么财政了，当然可以有各种各样的名词来定义市场经济下的财政。典型的如“现代财政制度”。什么是“现代财政制度”？顾名思义，当然是“现代”的财政制度。那么，什么是“现代”的财政制度？我们大家生活在“现代”，如果从这个意义上说，存在于现代各国的财政制度就都可以称为“现代财政制度”了，那就形形色色、五花八门、多种多样的。这些差异极大的财政制度，是不是都是“现代财政制度”？如果这样，那就没有“现代财政制度”。显然是不能这样来认识“现代财政制度”问题的。

我们说的现代财政制度是指什么？实际上，有市场经济体制及其相应的财政制度以来，亚当·斯密所创立的经济学是市场经济学，相应地，他所创立的财政学也就是公共财政学。在此之后发展到现在的财政制度，就是“现代”财政制度。换句话说，“现代财政制度”就是“现代的公共财政制度”。具体到我国来说，改革开放以来所建立的新的财政制度，还可以加上中国的、新时代的、中国特色的等定语，那就是中国的“现代财政制度”。

在此基础上，我想谈谈几点看法。

1.什么是公共财政

为什么称之为“公共财政”，关键是“公共”一词，它典型地概括出了市场经济基础上的财政的根本特征，所以把它称为“公共”财政。它包含两个基本点：

第一，公共财政是为市场提供公共服务的财政。市场经济下的政府就是公共服务型政府，不是其他类型的政府，政府提供的是公共服务，作为“政府收支”的财政，它当然是公共服务型的财政。

第二，公共财政是人民群众的财政。在市场经济下，企业和私人是独立的市场主体，他们自己要做的事情是他们用自己的钱去做的，但还有许多事情是大家共同要做的，是关系到大家的共同利益的，这就需要由一个机构来集中提供服务，即由政府来集众人之财办众人之事，也就是“取之于民，用之于民”。这也就是为什么两三百年来西方市场经济下的财政学，是用“Public”这个词作前缀来加以定义和概括的，即用“公共”一词来加以定义和概括的根本原因。

因此，现在提出的“现代财政制度”一词是什么含义？我理解它就是“现代公共财政制度”。在我国，它就是新时代中国特色社会主义条件下所形成的公共财政制度，它的实质还是公共财政。当然，人们可以换个什么名词来概括我国目前的财政制度，如把它称为“政府财政”或“市场财政”等，这都没关系，因为它改变不了我国目前的财政制度是市场经济体制的产物，它有着“公共性”这一根本性质的实质。

2.关于市场经济

公共财政是建立在市场经济基础上的，探讨公共财政基础理论问题，离不开市场经济，根本点在于市场经济。说我们现在的财政理论是建立在市场万能论的基点上是不对的。“市场万能”这个概念在现实中是不存在的，尤其是我们所处的财政领域更谈不上什么

“市场万能”了，因为政府的存在、财政的存在，本身就否定了市场万能。所谓“市场万能”，是什么都由市场做，也就谈不上政府的存在了。而财政是政府在收钱、花钱的活动，所以有政府、有财政，就没有市场万能。在我们这个国家，从来就没有对市场强调过分即“市场万能”的时候，相反是有着绝对否定市场的问题，这就是计划经济时期是全面否定市场经济，并发展到绝对否定市场，否定市场经济。改革开放后，逐步向市场化改革，不否定市场经济了，但还是在不停地摇摆，总是在讲市场不行，这个不行，那个不行。

20世纪90年代，我们明确了改革方向是建立社会主义市场经济体制，我们的财政是建立公共财政制度，本来就不应该再有市场万能论的概念出现，因为这是基本的概念。我们原来讲市场机制起基础性作用，现在又改成市场起决定性作用。怎么理解这句话？决定性作用怎么讲？我个人理解，市场机制的决定性作用有两点：一是所有市场能干的事情都应当由市场去做，做不了是另外一回事，但市场能正常做的都应当由市场来做。二是市场不能干的，但又为市场所需要的，政府和社会就要去干，但怎么干也要受到市场决定性的影响，必须遵循市场的根本要求去做。我们财政学教科书上公共产品的各种模型，就是按照市场要求设计的。公共产品最佳供应模型是市场供需的体现，它转换成财政学中的各种曲线，其中决定性的还是市场。所以，市场的决定性作用也是始终贯穿于公共财政学之中的，财政基础理论的形成、研究、认识、判断等，从根本上看，都是受到市场机制在资源配置中起决定性作用的决定和制约的。

3.财政的宏观调控

在我国，什么时候缺过宏观调控？强调要加强财政的宏观调控，其潜在含义就是宏观调控不够了。但从根本上说，我们缺的不是宏观调控。改革开放前，政府不仅宏观调控，而且连微观也全部调控；改革开放的过程，就是政府从微观领域退出，政府在宏观领域也不是什么都干，而是建立起适应市场经济体制要求的宏观调控体系。这也是全面深化改革的方向。

在计划经济时期，国家进行整个经济的控制和安排、指挥、协调，而不仅仅是“宏观调控”，还包括微观直接指挥和控制。这时国家靠的是两个基本的杠杆，一是计委，二是财政，计委管计划，财政拿钱。在这样一个背景下，财政在宏观调控中一直都起着非常大的作用，改革开放时期也如此，一直到现在，虽然比计划经济时期已经小多了。讲市场机制发挥基础性作用或者市场机制发挥决定性作用，前面还加上宏观调控一词，这两个词并列在一起了，这就有一个宏观调控和市场决定作用谁为主、谁为辅的问题。宏观调控下市场机制起决定性作用这句话，主词还是决定性作用，副词才是宏观调控。这关系到是先有决定性作用，然后要求宏观调控来配合，还是先有宏观调控，如何要求市场机制来配合宏观调控的问题。市场不是万能的，市场机制起决定性作用时，有着许多缺陷，这就需要宏观调控，但不等于什么都需要宏观调控，更不等于宏观调控可以撇开市场机制的决定性作用。如果那样，将变成市场这个不能做，那个不能做，是宏观调控来发挥作用的，那还怎么起到决定性作用？假如说宏观调控可以去否定这个决定性作用，那还是决定性作用吗？

我们讲公共产品供给问题，为什么要有公共产品这个概念？就是市场能干的都由市场干，但还有很多事情是市场干不了，或者干不好的，这个时候就需要政府来干，其中包括宏观调控，都是市场决定需要你来做，你才来做的。所以，没有市场经济就没有宏观调控，但宏观调控是政府受到市场决定性作用的基础上的宏观调控，而不是违背、否定市场经济下的宏观调控。

4.关于“新时代中国特色社会主义财政学”问题

我们人均GDP、人均财力是怎样的？我们远远还没有到富的地步，也远远没有到强的地步。我们的财力怎么使用一定要高度的重视，杜绝铺张浪费。政府的钱是以企业负担为代价，是以老百姓的税收为代价的。我们的财政学跟环境经济学有关系，环境经济学有个基本的判断，就是“环保是一个奢侈品”，环保是要大量花钱的。花园式的环境当然非常好，也非常美，但它不仅是奢侈品，而且是极奢侈品了。这个极奢侈品是由公共财政来提供的，是要政府花费巨大财力的，归根结底是要由企业和私人来负担的。公共财政必须一个基本原则，公开透明，都有一个“公共”决定的问题。这可能是我们新时代中国特色财政学基础理论应该概括进去的。

财政理论对现实没法指导，我自己深有同感，理论和现实脱离太厉害了，这到底是怎么回事，我有以下几点看法:

第一，公共财政论的背景不同。20世纪90年代提出公共财政论时，我们的背景是改革，当时我们所处的环境还不是市场经济，当然理论和现实对不上。因为西方的经济学和财政学是对已经基本完善、基本成型的市场经济和公共财政的总结，当然都可以与它们的现实相对应，它们的理论发展是小修小补的问题。这个环境我们没有，当时我们的体制还没有根本转变过来，还是表面上是市场经济，但骨子里还有许多计划经济的东西。大家讲的对不上的很多现实问题，好像是理论不行，其实不是理论不行，是现实不行，是现实中的残存的计划经济因素的问题。这本身是需要按照公共财政论去深化改革，而不是否定公共财政论的问题。

第二，财政理论引进来的时候，没有理解得很清楚，也没有吃透。现在很多事情，比如说公共产品与现实对不上，市场失灵与现实也对不上的问题等。不知道大家有没有注意到，我们上课过程中讲的公共产品概念，在西方财政学中不是一个绝对的概念，不是一刀切式的这边市场有效，那边市场无效，两者泾渭分明，而是过渡的、混合的、模糊的、逐步分布的概念，准公共产品就是典型的例子。准公共产品有的可以私人提供，有的可以半私人提供。这些不是说公共产品理论不行，不是说市场失灵理论不行，而是怎么具体分析和判断的问题。

第三，为什么会感觉对不上，是我们的理论遇到的现实问题有很多是中国独有的。20世纪90年代讲公共财政，也讲国有资本财政，这不是公共财政问题。现在我们有一般公共预算，又讲国有资本经营预算，国有资本经营预算就不是公共预算，就不是公共财政，因此我们的财政并不是全部都是公共财政。我一直在讲第三财政，国有资本经营预算和国有资产分配，政府掌握的财力远远不止预算包括的这些，国有企业完全是政府控制的产业，很大程度不是按市场要求，而是按政府指令来运作的。

第四，对理论的要求太高了。我们讲基础理论的不足，很多说具体怎么做与理论对不上。基础理论提供的是根本依据，而解答具体怎么做，那是应用理论的问题，而不是基础理论的问题。开展基础理论的讨论，也要与应用研究有所区别。在现实中，公共财政的基本准则很多应用不下去了，那是现实的改革并没有根本到位的问题。理论是灰色的，生命之树不仅常青，而且也无可奈何。

[主旨发言]

ZHUZHI FAYAN

从树海

上海财经大学

财政聚财的数量难以有一个所谓的“确定值”或“最优值”，财政占比也难以有一个“科学比”或“最优比”。客观地讲，如果仅仅从数量和占比看，财政聚财产出总量的三分之一和十分之一似乎并不算大，但如果将财政聚财的数量化为人均，再联系人均收入、人均缴费、人均消费看，财政聚财度可能就不太轻松。

我发言的题目是:《财政聚财度分析——现代财政制度建设中稳定财政占比问题》。为什么选择财政聚财度这样一个题目?大约10年前,我曾经向国家有关部门提交过一个决策咨询报告,报告的题目是“适度控制财政规模,稳定财政占比”,这个题目一目了然地体现了我对财政聚财度问题的鲜明观点。虽然,这个报告在当时并未得到认可和引起重视,但无论是从今天的财政实践,还是从财政基本理论角度看,财政聚财度其实都是财政理论与实践中必须面对的基本理论问题和重大现实问题。也是我们在财政教学中经常碰到的不可回避的基本问题,更是现代财政制度建设中不可回避的基本问题。

党的十九届四中全会报告《中共中央关于坚持和完善中国特色社会主义制度　推进国家治理体系和治理能力现代化若干重大问题的决定》(以下简称《决定》)提出,“必须坚持社会主义基本经济制度,充分发挥市场在资源配置中的决定性作用”[①]。“中国特色社会主义制度是党和人民在长期实践探索中形成的科学制度体系,我国国家治理一切工作和活动都依照中国特色社会主义制度展开,我国国家治理体系和治理能力是中国特色社会主义制度及其执行能力的集中体现。”[②]同时,还强调要“着重保护劳动所得,要增加劳动者特

① 《中共中央关于坚持和完善中国特色社会主义制度　推进国家治理体系和治理能力现代化若干重大问题的决定》(以下简称《决定》),第六部分。

② 《决定》第一部分。

别是一线劳动者的劳动报酬，提高劳动报酬在初次分配中的比重”[①]。引用《决定》中这两段话的意图是强调，坚持和完善中国特色社会主义必须“充分发挥市场在资源配置中的决定性作用”，要“提高劳动者报酬在初次分配中的比重”，这两条都与我今天讨论的主题相关联。

党的十八届三中全会提出，财政是国家治理的基础和重要支柱。因此，财政聚财能力、财政收支状况、财政管理水平都直接关系到国家治理能力，同时也是国家治理能力的现实表现。

2017年我国GDP总量为827122亿元，一般公共预算、政府基金预算、社保基金预算（保费收入）的收入情况和占GDP的比重情况，以及按当年人口数量计算的人均情况，同时又找了中央政府的债务，主要是内债不包括外债，和地方政府的借债情况。

这些数据总括起来，前三项一般公共预算、政府性基金预算和社会保费收入，三项收入合计为27.26万亿元，大约占GDP的33%，后两项中央政府和地方政府借债合计大约8.34万亿元，占GDP的10%，收入和借债总计约占GDP的比重为43%（见表1）。

这个数据描述了这样一个事实，在2017年总计827122亿元的GDP中，政府取之于纳税人的财政收入相当于GDP的三分之一，借债相当于GDP的十分之一，而当年我国人口13.9008亿人，人均

① 《决定》第六部分。

表1　　2017年政府预算规模情况

项目	收入（亿元）	占GDP比重（%）	人均（元）
一般公共预算	168630	20.39	12130.95
政府基金预算	61462.49	7.43	4421.50
社会保障预算	42528.47	5.15	3059.43
小计	272620.96	32.97	19610.93
中央政府内债	39812.38	4.8	2864.03
地方政府借债	43581	5.27	3135.14
合计		43.04	25610.10

GDP约为6万元[①]，计算下来人均缴纳的税费是1.96万元，人均负债6000元，而当年人均可支配收入为2.6万元[②]。也就是说，在每个国民可以支配2.6万元收入的情况下，缴给了政府税费近2万元，借给了政府6000元，缴税费与借款合计约等于人均可支配收入，另外，人均消费是1.8万元[③]，显然，人均消费少于人均缴纳的税费。

这组数据及其分析，引发了一个基本问题：财政占比问题或者是负担问题。

三分之一的取，十分之一的借，究竟重不重要？能不能长远？这是财政占比需要讨论的问题。财政学作为分配领域中一个重要的环节，是需要去认真研究的。我以为，财政聚财的数量难以有一个

①《中华人民共和国2017年国民经济和社会发展统计公报》公布全国人均GDP为59660元。

②《中华人民共和国2017年国民经济和社会发展统计公报》公布的全国人均可支配收入为25974元。

③《中华人民共和国2017年国民经济和社会发展统计公报》公布的全国人均消费支出为18322元。

所谓的“确定值”或“最优值”，财政占比也难以有一个“科学比”或“最优比”。客观地讲，如果仅仅从数量和占比看，财政聚财产出总量的三分之一和十分之一似乎并不算大，但如果将财政聚财的数量化为人均，再联系人均收入、人均缴费、人均消费看，财政聚财度可能就不太轻松。

这表明，一方面我国仍然是一个发展中国家，老百姓并不富裕，老百姓为国家作出的贡献非常之大。因此，财政在履行职责，担负“国家治理基础和重要支柱”的过程中，需要进一步全面提高资金使用的绩效。另一方面全面实现小康的战略目标，要求国民收入分配政策要有所修正和调整，以不断提高人民福祉，不断充分满足人民群众对美好生活的追求，这显然是要求适当增加人民群众的分配比重。由此，我们复习本文开头对党的十九届四中全会精神的引用“着重保护劳动所得，要增加劳动者特别是一线劳动者的劳动报酬，提高劳动报酬在初次分配中的比重”，越发深感党中央决策的正确性。

以下，我从税收收入负担、非税收入负担、基金收入负担、社保缴费收入负担四个方面来分析“财政聚财度”或“财政占比”的现状、变化和合理性问题[①]。

---

① 这里所及“财政聚财度”和“财政占比”问题，从责任部门讲，并非“财政”问题，而是以财政部门为主负责的广义政府聚财问题。

一、税收收入

1994年分税制改革以来，财政收入占GDP的比重呈上升的态势，没有大的问题。2012年开始“营改增”，与此同时，受国际金融危机的影响，我国经济增长速度开始下滑，即降速。宏观税负的增长也发生了新的变化，税收收入占GDP比重从2012年的18.62%（1990年以来的最高点），回落至2018年的17.37%，财政收入占比从2015年起（1990年以来的最高点），也逐渐有所回落（见图1）。

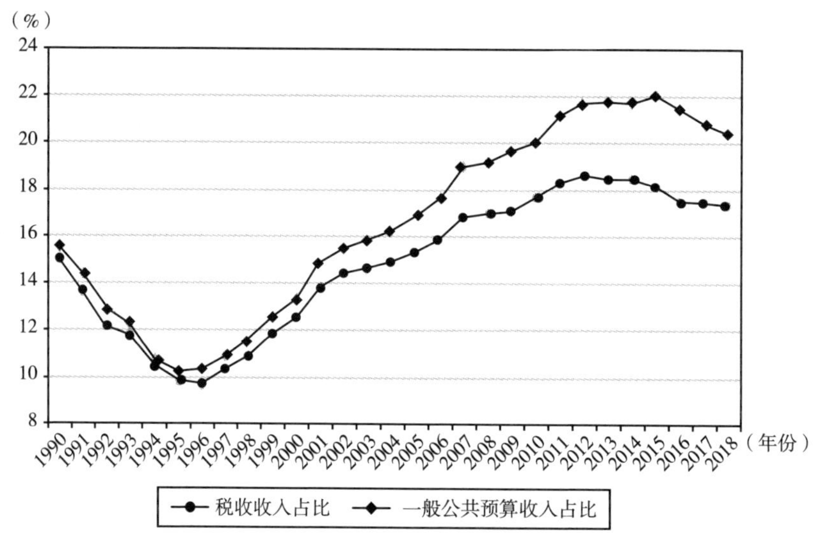

图1　1990—2018年我国财政收入和税收收入占GDP比重的变化

这是在新常态的情况下税收部分占比的变化。我们的税收分布不均衡，在现有占比情况下的表现，原因可能集中在几个方面，例如，我们税收集中在生产领域，再分配环节的所得税和积累环节的财产税所占的比重都较低，不利于发挥税收的再分配功能。另外，名义税率与实际税率出现差异，在实际执行中产生了税负不公平现象，如一些企业利用招商引资进行避税，一些地区利用税收返还、税收减免、甚至列收列支的方式，达到税收优惠的目的，并以此来诱导增加投资。个人所得税在征收上对于劳动报酬的课税比对资本所得的课税更重，有些资本利得根本不课税。

二、非税收入负担

我国非税收入规模逐年扩大，从2008年的7106.56亿元上升至2018年的26951.32亿元，10年间增加了近2万亿元，大概涨了3倍（见图2）。

非税收入占财政收入比重目前基本维持在15%左右，其中专项收入增长，行政事业费用增长，专项增长收入更快。2015年非税收收入大幅度增加，原因是该年统计口径调整，有11项政府性基金，包括地方教育费附加、文化建设事业费、残疾人就业保障金、水利

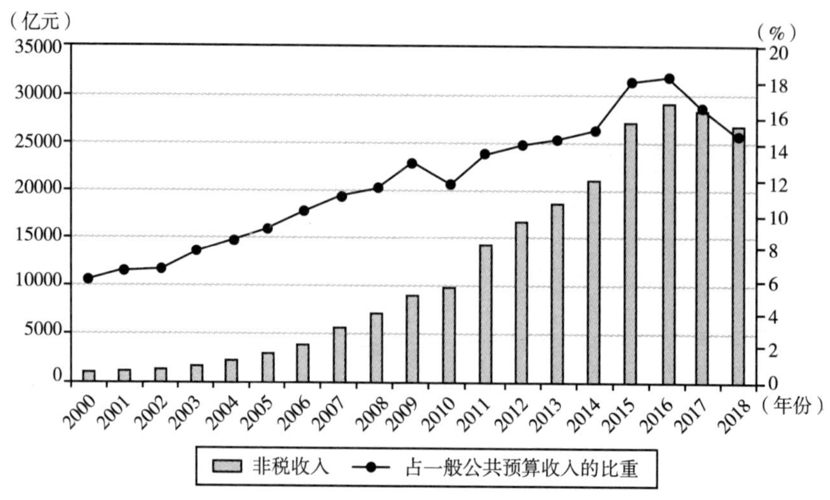

图2　2000—2018年我国非税收入及其占GDP比重情况

建设基金等，在2015年根据国家的规定转到一般公共预算，另外党的十八届三中全会也提出了国有资本收益率上缴的比率要提高，提高到30%，也导致了国有资本收益上缴比重提高。2015年，中央政府又累计取消、停征、减免了106项行政事业性收费，降低了77项行政事业性收费标准，这些改革措施直接减轻了企业和单位缴费负担。2016年财政部出台《政府非税收入管理办法》，采取多种措施约束地方“费权”，使得2017年、2018年连续两年非税收入总量有所下降。目前非税收入收费依据和标准仍不够细致，需要进一步强化立法，降低交易成本，进一步规范非税收入。

三、政府性基金

政府性基金从2013年的52268.75亿元，增至2018年的75404.5亿元，5年年平均增长7.6%（见图3）。

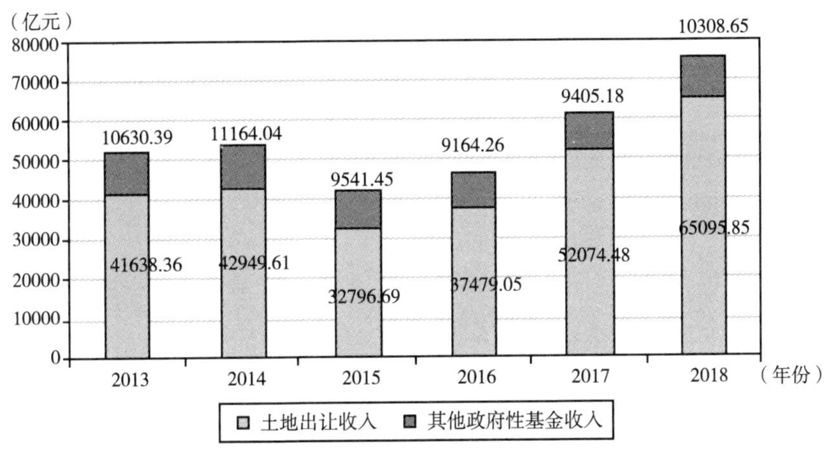

图3　2013—2018年我国政府性基金收入情况

政府性资金增长的主要原因是土地出让收入的增长。土地出让收入从2013年的4.1万亿元增长到2018年的6.5万亿元，年平均增长超过了9%。从2014年开始，国有建设用地出让面积进入下行通道。2017—2018年，地方政府土地出让收入再度大幅度增长，主要是因为房价上涨、房企增加库存，带动地价大幅上涨。目前，政府性基金存在主要问题是立法层次低，非税收入如何收、如何用的权限依然分散在各地区、各部门。

四、社会保险缴费

我们要注意社会保险缴费形成的“负担”与财政负担有所不同，因为社保缴费基本属性与税收不同，至少其中有相当一部分是不同的。每个国家在养老的措施上、在医疗福利的措施上，所奉行的基本模式、办法、制度不一样，所以资金有差异，和一般的税收征缴而形成的负担是不一样的。社保缴费尤其是基本养老保险缴费和年金缴费，具有直接返还性，特别是计入个人账户的养老金，其所有权归属缴费个人，同时具有继承权。因此，从这个意义上讲，这部分缴费并不构成“负担”。

但无论是从企业，还是从个人角度来说，“缴费”的必然结果是增加企业和个人当期开支，减少企业收益和个人当期收入，“缴费”又从绝对意义上构成了企业和个人“负担”。近10年来，我国企业和职工人均缴费持续增加，2008年人均缴费4735.81元，2017年人均缴费达到10143.91元，9年净增一倍以上，年平均增长7.9%（见图4）。

必须指出，在我国老龄化快速发展的背景下，虽然，我国职工人均缴费和社会保障覆盖面即缴费人数10年来快速增加，我国社保基金仍然难以满足支付更快速增长的需要，这一方面是老龄化和其他保障制度日趋完善、保障程度提高的原因，另一方面也是养老

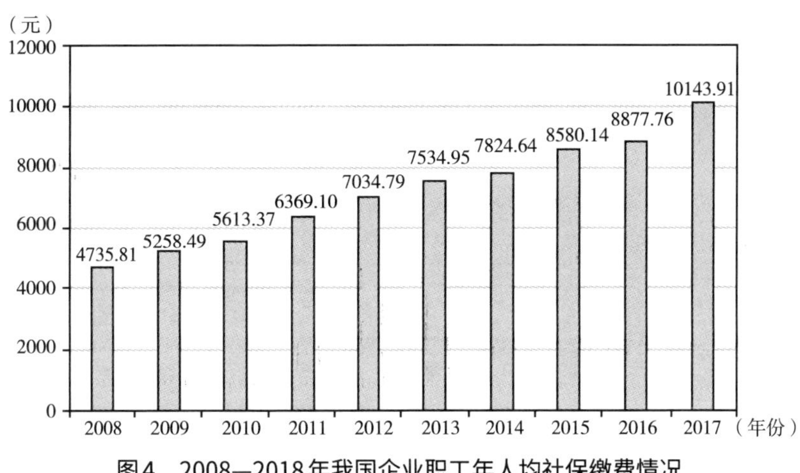

图4　2008—2018年我国企业职工年人均社保缴费情况

金连续十几年增加、城镇居民、灵活就业人员、农村居民前期缺乏积累、缴费水平很低的结果。在这种情况下，财政对社保基金的补贴成为维系社保基金运行的必要条件。

社保收入里面有财政补贴。从2017年的一组数据来看，社保各种缴费有7个项目5个类别，养老、医疗、失业、工伤、生育，其中养老和医疗各有2个品种，所以共7个品种，这两个品种从职工和居民分开（见表2）。

表2　　2017年社保基金收支和结余情况　　单位：亿元

项目	当年收入	其中：财政补贴	当年支出	当年结余
社保总基金	58437.57	12193	48652.99	9784.58
职工养老	33542.04	4955.13	28566.73	4975.31
居民养老	3339.30	2319.19	2395.31	943.44
职工医疗	12134.65	—	9298.36	2836.29

续表

项目	当年收入	其中：财政补贴	当年支出	当年结余
居民医疗	6838.33	4918.68	6121.16	717.17
失业保险	1112.63	—	893.76	218.87
工伤保险	831.77	—	641.43	190.34
生育保险	638.85	—	736.24	97.39

我们注意到，财政在2017年对社保的补贴是12000亿元，用在了三个项目上，其中包括职工养老、居民养老和居民医疗。财政对这三个项目的补贴事实上是超过了社保当年的结余，换言之，没有财政的巨额补贴，社保基金当年应当是赤字2200亿元。如果从社保受补贴的三个项目来看，这三项补贴大致有55%是转化为结余的，45%是实际用掉的。从社保缴费来看，在一些老龄化的城市当中，个别省好一点，如广东省，像上海这样的城市负担是非常重的，按照国家提出明年可以降到16%，上海20%要降到16%，这个幅度非常大。上海养老的压力非常大，因为全国老年人的比例和上海的比例相差1倍以上。上海确实已经做到了“三人行必有一老人”。相应地，处在上海的企业、单位和个人缴费的负担也是比较重的。

我国社会保险缴费负担虽高，但负担分布并不均衡。一方面，地区间负担高低悬殊。有些地方比较年轻一点，例如广东为14%、浙江为16%，上海和黑龙江为20%，据说黑龙江20%不够支付了。老年群体大，城市人口结构老化当然就会导致它的负担过重，而且还不够。另一方面，部分企业缴费基数不实，也存在一些地方政府在招商引资中放任缴费基数不实申报的情况。

基于税收负担、非税、基金、社保这四个方面的结构分析，对于宏观财政负担和占比问题我提出这样几个观点:

第一，财政收支占比表明政府占有和支配资源的力度，缴纳人有负担也有福利。政府大小与政府承担的职能是相关的。财政收入占比高不一定是坏事，还要看支出结构，财政收入占比高的政府，有能力提供更广泛的公共服务，包括福利和基础设施建设。近20年我国基础设施建设迅速发展，得到广泛认可。从我国社会主义市场经济体制发展要求和市场资源配置中发挥决定性作用来看，政府需要进一步转变职能才能更好地让市场在资源配置上起决定性作用。这个转变政府职能一定和政府的收支规模有关联。

第二，财政收入多样性的来源，其实要分类分析财政负担。一般公共预算收入中的非税收入有一些实际上是政府凭借股东身份获得的收入，例如国有资本上缴财政的收入，其实不会形成直接的负担。政府性基金中的土地出让收入，性质上是属于资产交易收入，不动产变成现金其实还是资产，作为财政负担具有间接性。社会保险基金当中有部分缴费收入是用于补充养老保险、企业年金或职业年金，具有返还性，具有私款公存性质，它也不是一种直接的负担。一般公共预算与其他预算存在基金的拨入。刚才说的这些补贴也需要一定的剔除，我在计算的时候已经剔除了。所以财政收入多元收入要注意分类来分析。我们注意到财政部几年前已经根据国际货币基金组织的统计口径公布了广义财政收支。

第三，当前我国存在一些结构性的财政负担失衡，必须引起关注。一是地区间的财政负担不均衡。部分地区的税收优惠政策力度较大，产生了马太效应。二是人群间的财政负担不均衡。中低收入的税负比较重，主要是因为恩格尔系数，他的基本日常生活开支要占到收入的比重比较大，由于基本生活的刚性特征，使缴税人对这部分的税没有办法回避，因此，在我国税制结构主要依靠流转税或货劳税的情况下，低收入阶层相对多承担了税收。三是行业间的财政负担不均衡。部分行业的税负过重。跨时期的财政负担不均衡。存在财政负担前移的情况，也存在财政负担后移的情况。其实借债是一种后移，当期政府借债越多，可供后届政府使用的资源就越少，后人的负担就越重。反之，变卖国有资产其实是一种负担前移，即将前届政府的积累和前人的积累现在花费掉。

五、结语

第一，财政减负，可以在已有的减税降费基础上增加企业和社会公众可支配收入。企业增加收入有利于企业科技创新投入，增加投资，探索供给侧改革。社会公众增加可支配收入有利于消费增长，增加有效需求。

第二，财政减负，要注重隐性负担。其实现在隐性负担还是不少的，特别走到一线、基层，常常可以听到对减少隐性负担的呼声。

第三，财政减负，要配合强征管少优惠，尤其是为争取投资引资的税收竞争，确保应收尽收，实现财政公平与正义。

[主旨发言]

ZHUZHI FAYAN

吕　炜

东北财经大学

我理解的公共风险论更多的是想刻画中国财政在当代或者在整个发展的历史长河中所具有的最典型职能。这样理解的原因在于，只有在有风险的时候，大家才能真正切身感觉到财政确实很重要，才能真正感受到其作为“基础和支柱”的重要性。

一、两个基本路径的探索

根据我的理解，在探讨财政基础理论的过程中，一个基本逻辑是理论和实践之间的关系发生了变化。因为如果没有这种变化，原有理论是可以延续的。既然探讨基础理论，那么一定是理论和实践的关系发生了一些变化，这时就需要我们在理论创新方面来加以推动，这是一个基本的出发点。围绕上述思路，在探讨基础理论的发展上可以有两个路径：对于理论基础比较厚的学者而言，他们可以直接立足于已有的理论进行研究，运用自己对于基础理论的掌握，基于实践来进行创新和完善。还有一批学者立足于实践路径进行研究，这些财政实践者们经过十几年的实践探索后，在实务部门有很多的感受。这种感受是基于对既有理论的困惑而产生的——既有理论解释不了他们正在做的事情，所以他们希望通过对实践的思考和梳理对既有的理论提出质疑和反思。

二、对几个代表性理论的认识

梳理从新中国成立以来到党的十八届三中全会之前已有的代表

性财政理论，我们共同观察每一步的财政理论进展与改革实践推进大致是怎样的关系和脉络。如果我们把这个问题从顶层上梳理得比较清楚，那么对于正在进行的财政改革探索应该怎么走、应该遵循一些什么原则，可能会把握得更加精准。

中国在1964年和1965年两次大型财政研讨会上提出了国家分配论。国家分配论是“国家”和“计划经济”这两个最典型的特征加在一起所形成的一种在计划经济体制下的财政分配制度。这样一种分配制度满足了改革开放以前计划经济体制下特有的经济运行机制的要求，是那个时代财政理论的基本特征。

改革开放以后，在20世纪70年代末80年代初，我们看到了何振一老师的《社会共同需要论》。那个时候中国是什么样的呢？改革开放之初，大家对于传统的计划体制有了很多的思考，也发现了其中的问题。但是未来的路该往哪里走，大家并没有一个清晰的路线图，我们只是想突破、逃离计划经济体制。这个时候，理论层面就需要突破原来计划经济条件下国家分配论的财政理论，寻求新的理论来解释实践。“社会共同需要论”在某种程度上更多地把我们对财政的基础理论认识建立在了共同需要的基础上，对当时思想上的解放，特别是突破计划经济体制的约束起到了很大的作用。“社会共同需要论”不同于计划经济体制下“国家分配论”那种更具财政特殊的体制框架，该理论回到财政的一般，思考财政的职能是什么，试图通过这样的方式来引导大家突破原来的体制框框。因此，在那个特定的阶段，“社会共同需要论”给予了人们更大的思考空间。

20世纪80年代末90年代初，当市场经济体制已经成为一个明确的改革方向，适应市场经济体制的财政制度建设就被提上了日程。当时西方有成熟的市场经济体制和成熟的市场经济体制下的财政制度，所以公共财政理论就自然而然地成为那个阶段的代表性特征。从那以后，在以市场经济体制为基础的经济运行状态下，公共财政就成了相应的制度安排。

大家对于这几个代表性理论已经很熟悉了。我想说明的是，从整体逻辑上能够发现，每一次财政理论的突破或者思考，都与我国改革开放40年历程中经济整体发展和改革推进（特别是经济体制的变化）有很大关系，每一个代表性的理论都与当时的体制演进状态是契合的。但其中也有值得反思的问题。比如，从计划经济到步入市场化改革，“国家分配论”作为一种财政理论基础，其适应计划经济体制的那部分内容就自然而然地消亡了，但需要引起我们注意的是，并非“国家分配论”的所有内容我们都不再需要了。同样，关于“共同需要论”“公共财政论”也存在这个问题。党的十八届三中全会以后，大家对于“公共财政论”反思得更多、批判得更多，这一问题也值得我们注意。已有研究指出，关于西方的财政理论，我们更多的是继承和借鉴了英美学派的公共财政理论。如今学者们比较习惯去批判公共财政的基础理论，攻击其市场万能、市场失灵等不合理的地方。但另一方面我也在想，它其中合理的东西究竟是什么？我们是否很少去总结？当党的十八届三中全会提出现代财政制度、党的十九届四中全会对财政职能提出了更多要求以后，未来财政理论对过去这三种代表性理论的继承性究竟在哪里？这个需要我们去思考。总结起来，有一部分理论是我国在特定阶段根据自身的特殊性做出的探索，如果其中存在合理性，那么随着体制的演进，我们在不断创新理论的同时，也应该珍惜和保存原有基础理论中的合理内容。

三、党的十八届三中全会以来的探索

党的十八届三中全会提出了“国家治理”，提出了“财政是国家治理的基础和重要支柱”，某种程度上国家又成为一个要研究关注的问题。当我们进入了市场经济体制，建立了符合市场经济体制的财政制度，原来计划经济体制下财政分配问题中那些合理的内容，可能在急于过渡和改革的时候有意无意地丢失了。借助党的十八届三中全会的机会，我们是否应该要做一些反思，去寻找过去曾经有的、对中国来说具有特殊性的理论内容？我个人理解，党的十八届三中全会的提法中最需要我们思考的，就是在国家、市场经济体制、财政这三个概念构成的框架下，财政制度应该怎么来建设？2013—2019年，财政基础理论的研究很活跃，学术界有过很多的探讨，而且不只是经济学领域，社会学、政治学等各领域都有相应的研究，也有学者提出了很多理论，包括张馨老师讲到的国家治理财政、新市场财政等。

我想重点谈一下比较有代表性的刘尚希院长提出来的公共风险论。公共风险论是否最终被大家接受，并作为一种基础理论来应用和分析，显然还需要一个过程。我理解刘尚希院长做的探索：第一，他思考的出发点在于，在国家建立社会主义市场经济体制、党的十八届三中全会的全新框架下，应该用何种一般性理论来刻画中国的特殊性，同时又能包容已有的一些财政理论。第二，刘尚希院长在这个出发点的基础上，做了一系列的研究，比较系统的是关于新中国成立70年财政发展的一些成果，这些成果试图从公共风险的角度来为大家提供一个新的视角，以观察和思考我国财政改革和发展的70年。

我理解的公共风险论更多的是想刻画中国财政在当代或者在整个发展的历史长河中所具有的最典型职能。这样理解的原因在于，只有在有风险的时候，大家才能真正切身感觉到财政确实很重要，才能真正感受到其作为“基础和支柱”的重要性。就像常言说的英雄救美一样，平时不觉得他是个英雄，只有在救美的时候才发现他是个真英雄；就像一幢房子一样，我们平日里谁也不会去关注它的四梁八柱，但其实在使用的过程中它们一直都发挥着基础和支柱的作用。只有地震了、出风险了、出大问题了，人们才突然发现原来四梁八柱很重要，财政很重要。我个人理解，公共风险论视角的有趣之处在于，通过这样一个特定的风险视角，提示大家财政在国家发展的整个过程中所起到的一般性作用。

我在前文中提到了关于财政理论创新和突破的两个路径问题。刘尚希院长是科班出身，有很深的理论功底，而且他一直在财政科研部门工作，又能接触到实际，所以他可以更好地从理论上直接来推动创新。对于我来说，我没有那么深厚的功力，我就从另外一个方向——更多的是从40年财政改革发展的实践入手，试图去思考、梳理在这个过程中财政究竟做了什么，去发现中国财政的一些特殊性，并用这种特殊性去反思和质疑既有理论的一般性以及不足，这是我的思考视角。

对于40年的改革历程，我在研究中做了这样一个梳理。第一，财政服从和服务于国家战略，国家需要财政做什么，财政就一定要做什么，无论在计划经济体制下还是市场经济体制下都是如此。第二，整个改革过程中，财政的兜底作用体现得非常明显，改革哪里出问题，财政必须要去哪里兜底，在某种程度上这也是对风险兜底，例如在体制转轨过程中财政需要承担过渡性的成本支出。第三，在政府间财政关系的调整、财政分权的激励下，地方政府为财政激励而进行的竞争能够带来经济增长和发展。

我从这几个视角来观察所做出的总结，与整个改革开放进程中中央始终在提的三个关系是紧密相连的，即改革、发展、稳定。其中，改革是最基本的，为发展提供动力；发展和稳定是由改革延伸出来的职能；稳定既包括经济的稳定，也包括国家的稳定；发展主要是通过政府间财政关系的调整，来推动地方政府更积极地去发展经济和谋求增长。

在具体研究中，财政理论常常因难以解释现实的问题经常被大家所诟病、批判，例如，我国的财政体制总是处于变革之中、财政职能的越位和缺位、不规范的财政收入行为、制度演进的动态过程等。事实上，我的思考并非专注于回答以上问题，我想关注的是在40年的改革进程中，财政除了被批判之处以外，它的合理性在哪里？尤其是在每一个特定的发展阶段，财政的合理性和贡献在哪里？这些合理性与贡献属于我们在探索过程中的一些具有特殊性的内容，这种特殊性和既有财政理论能否对上话？如果对不上话，就意味着理论的一般性里面没有涵盖这些特殊性，可能就需要我们在理论层面做出更多的思考和探索。

四、关于党的十九届四中全会的思考

关于党的十九届四中全会的内容，刚才丛树海书记已经讲了其中的一部分。党的十九届四中全会里直接涉及财政的内容不是很多，只有几个部分提到了“宏观调控”“预算制度”“央地关系”“收入调节”“财政监督”等。但是，细细品味党的十九届四中全会对国家治理现代化的要求，在13个部分中我们不难发现背后财政的存在及其支撑作用。正如我们经常说的八个字：“以财行政、以政控财”。如果没有财政，国家治理是根本落不了地的。党的十九届四中全会以后，应该有很多新的内容有待我们进一步去思考、推动，这也是本次会议需要去重点探讨的。

关于财政基础理论建设，我认为还有以下几个主题需要进一步思考：(1) 财政作为一个研究对象，其边界和财政学的学科边界是否存在区别？各自的边界在哪里？党的十八届三中全会以后，学者们纷纷从不同的学科、不同的角度来研究财政，使财政问题作为一个研究对象可以从十分广泛的角度来进行阐述，这是一个很好的现象。但同时这种现状也带来一种冲击，即财政学科自身的边界开始模糊不清，其边界在何处是需要我们去考虑的。(2) 在财政理论的一般性当中，要适当保留契合实践的财政特殊性存在的位置。如果理论的一般性过强，就难以较好地指导实践。（3）40年改革进程中，不管是财政理论还是实践都处于一个不断变化的动态过程中，而二者每一阶段的动态变化和演进之间究竟存在怎样的继承和创新关系，同样需要我们进一步去思考和研究。

[主旨发言]

ZHUZHI FAYAN

杨灿明

中南财经政法大学

现代财政制度一定要更有效地解决再分配问题，解决涵盖物质、精神、社会制度、公平正义等多方面的人们美好生活需要的问题。

我同意现代财政制度实际上也是新时代的公共财政，它们不一定有实质性的矛盾，角度不同而已，究竟什么是现代财政制度？怎么把握它的特征？现代在什么地方？我想从四个维度来看现代财政制度。

第一，现代财政制度是适应社会主义市场经济体制的制度。党的十九届四中全会把社会主义市场经济体制上升为国家的基本经济制度，这是过去没有的。过去讲基本经济制度是公有制为主体、多种所有制形式并存。这一次增加了按劳分配为主体、多种分配方式并存、社会主义市场经济体制，使基本经济制度扩展成了这三个内容，可见我们更加坚定了实行社会主义市场经济的决心。但对于社会主义市场经济制度我们有三个层次的问题：首先，它是市场经济，作为市场经济，市场在资源配置中起决定性作用；其次，社会主义市场经济还要追求共同富裕，要全面建设小康社会；再次是中国特色社会主义市场经济，在中国这样一个发展不平衡、不充分的大国来实行市场经济。所以它有一个在大国背景下，在不平衡、不充分背景下追求共同富裕的问题。党的十九届四中全会总结的制度优势中，全国一盘棋，这种举国体制就是我们的优势。过去还有点羞羞答答，现在理直气壮，这就是我们的制度优势。现代财政制度一定要与这样的市场经济相适应，并且有助于去进一步完善它。

第二，现代财政制度一定是适应新时代社会主要矛盾变化的制度。新时代的社会主要矛盾是人民日益增长的美好生活需要和不平衡、不充分发展之间的矛盾。美好生活需要包括更好的就业、更好的教育、更好的医疗卫生健康、更好的居住条件、更好的环境和安全、更公平的收入分配等，这其中除了收入是赤裸裸的谈钱之外，其他的又有哪个离得开钱呢？都离不开钱。所以现代财政制度很重要的一个问题是关于分配关系，如何处理好分配关系。我们经常说三次分配，第一次分配主要是由市场进行，第二次分配是由政府主导，党的十九届四中全会又把第三次分配写进了党的文件。从我们国家的情况来看，再分配的作用非常重要。所以现代财政制度一定要更有效地解决再分配问题，解决涵盖物质、精神、社会制度、公平正义等多方面的人们美好生活需要的问题。现代财政制度现代在哪里？要适应社会主要矛盾的变化，更好地满足人民日益美好生活的需要。

第三，现代财政制度一定是面向全球治理，建设大国财政的制度。中国日益走向世界舞台的中央，实际上体现了全球化的趋势，全球化是不可逆转的。虽然现在有贸易保护主义，但贸易保护主义不代表主流，而且贸易保护主义本身也是全球化的产物，没有全球化哪来贸易保护主义？说贸易保护主义这个话题的同时有个前提，说明现在是全球化了，所以它才要保护，过去各顾各的时候不存在这个问题。作为一个大国，是被动地应对还是主动地引领？现在也有不同的声音，有人说应该还是要韬光养晦，不要急于走进世界舞台的中央；此一时彼一时也，现在不主动引领就会被动挨打，韬光养晦是为了什么？是为了总有一天要出头、要出气，总韬光养晦有什么意思呢？所以韬光养晦具有阶段性。现在我们作为一个大国，本身也要对人类有责任、有使命，要有大国的责任意识、使命担当，即便是为了维护自身的利益，也有必要主动走到世界舞台中央。所以现代财政制度一定是体现国家治理甚至体现人类命运共同体意识的财政制度。

第四，现代财政制度现代在哪里？它要契合现代科技发展的趋势。要充分利用现代科技发展的成果。科技发展对人类带来的影响怎么评价都不为过。我认为，现在的科技发展从三个维度正在深刻地影响我们：（1）时间维度。在这样一个科技发展的条件下，白天和晚上还有区别吗？晚上不能上班吗？白天不能睡觉吗？现在我们的夜晚创造的GDP迅速增加，甚至于有可能后来居上。特别是互联网，本来地球就有时差，你这里是白天他那里是黑夜，互联网上还分什么白天黑夜，这个时间维度很有可能会被改变。（2）空间维度。上班一定要去办公室吗？开会一定要去会议室吗？打仗一定要去某一个战场吗？（3）思维维度。科学技术影响着我们的思维，我们也必须主动的转变我们的思维，否则我们就会被科学技术淘汰。

我特别欣赏刘尚希院长的观点，思维模式就好比人的软件，这个软件要升级，2.0、3.0、4.0，不升级无法适应这个迅速变化的世界。党的十九届四中全会第一次把数据作为一个要素，提出数据要参与要素分配。关于收入分配，党的十九届四中全会有三个第一：第一次将按劳分配为主体、多种收入分配方式并存上升为基本经济制度；第一次把数据作为要素提出来；第一次把第三次分配写进党的文件。

科学技术的发展事实上改变了公共品和私人品的边界。我们总是说什么是公共品、什么是私人品？这个边界是变化的，不是不变的，此一时彼一时。20世纪是私人品的东西，21世纪可能成为公共品。科学技术也改变了政府与市场关系的边界。随着科学技术的发展，很多事不需要政府做了；随着科学技术的发展，很多事又需要政府出面。哪个多、哪个少一时说不清。我们说网络给我们带来了极大方便的同时，又给我们带来了多少风险？现在还没有意识到，将来进一步发展下去，所有人都是在地球上裸奔，都是透明的。如果每一个人都那么透明，生活也没有什么意思，没有隐私哪有意思呢？这是一个很大的问题。

总而言之，每年开展这样的基础理论研究非常有意义，实际上已经显现了一些初步成果，这个正是我们财政学界急需的。练拳不练功到头一场空，我们真的需要加强基础理论的研究，打牢我们的功底，而不只是做一些政策、制度的解读。我们非常愿意、乐意参加这样的活动，并且希望我们有更多的同志去深入思考，让财政理论进入一个新的春天。

[主旨发言]

ZHUZHI FAYAN

刘寒波

湖南财政经济学院

政府体制机制是否有效，既取决于政府间权利与责任的合理配置，也取决于通过激励与约束机制的设计使得治理政府的人与老百姓之间在利益上保持高度一致，把为人民谋幸福作为己任。调动“两个积极性”更主要的还在于后者。

在总结改革开放40年取得的发展成就时，一种较为流行的观点是中国拥有市场和地方政府两个推动经济发展的“引擎”。因此，深入分析和总结地方政府在我国社会经济发展中的作用，不仅对于贯彻落实党的十九届四中全会提出的“健全充分发挥中央和地方两个积极性体制机制，推进国家治理体系和治理能力现代化”具有重要意义，而且对于应对经济下行压力也具有重要价值。

一

如何看待地方政府在中国社会经济发展巨大进步中的作用，或者说，地方政府积极性的源泉，许多的研究将原因指向“放权”或“财政分权”。这种解释面临许多质疑。

一是这个解释很容易证伪。如果把改革开放的40年和新中国成立前30年比较，一方面我们确实是“放权”或“财政分权”了；另一方面，我们的社会经济发展更快了。这似乎支持了上述观点。但如果我们把自己和别人进行比较，结论就不一定是这样的。例如印度、巴西等国家，它们实行的是西方式的体制，较之于我们改革开放过程中的“放权”或“财政分权”有过之而无不及，但它们没有取得中国的发展成就。

二是许多实证研究也不支持上述解释。有一篇文献对以分权是否促进了经济增长为主题的研究成果进行了统计，发现这些研究运用的模型共有54个，在研究结论上，有一半是正相关的，还有一半是不相关的或不清楚的。

三是不少学者也认为“放权”或“财政分权”不足以构成中国地方政府在社会经济发展中作用的全部激励。我个人也认为，“放权”或“财政分权”只是调动地方政府积极性的必要条件。

二

观察政府体制机制有两个视角。

从政府治理的模式选择来看，古今中外的政府治理，最基本的或一个普遍的做法是设置多级政府。多级政府治理模式中核心的是权责的划分。权利和责任如何在各级政府间的配置，一般是三句话：全国性的归中央；地方性的归地方；共同事务中央地方共同分担。这种模式在运行过程中有两个固有的难题：第一，如果地方事务归地方，那就意味着地方政府有其自身特有的利益，这就会有中央与地方产生利益冲突的可能。这也意味着地方自身的利益具有内生性。第二，中央与地方的共同的事务，容易产生推诿，发生机会主义行为。

另一个是从调动治理政府的人的积极性角度来看，现代经济学解释调动积极性的理论是激励理论。激励理论是现代企业制度出现后为解决委托人与代理人之间利益产生冲突而发展起来的；目的是使代理人在追求自身利益的同时也实现委托人利益最大化；具体办法是建立有效激励约束机制。政府和企业具有相似性，治理政府的人与老百姓之间也是一种委托代理关系，也可能产生现代企业的委托人与代理人之间的利益冲突。

因此，政府体制机制是否有效，既取决于政府间权利与责任的合理配置，也取决于通过激励与约束机制的设计使得治理政府的人与老百姓之间在利益上保持高度一致，把为人民谋幸福作为己任。调动“两个积极性”更主要的还在于后者。

三

从上述两个角度出发，我们的体制机制和印度、巴西等国家的体制机制有什么不一样？印度、巴西等国家实行的是西方式体制，政府间的关系通过宪法确立，划分权责，分权、自治。它的激励约束机制就是直接选举、多党制和议会制度。我们国家的政府间关系也是通过宪法予以确立，划分权责，各自行使职权。我们的激励约束机制是党委（干部选择与任免和监督）和各级党代会、人大、政协。两相比较，第一，不管是中国的做法还是印度、巴西等国家的做法，中央与地方的关系是通过宪法来确定，具有至高无上的权威。第二，尽管存在本质区别，都不约而同地在两个方面下功夫健全体制机制，一是政府的职责权限划分，二是激励约束机制。

这就意味着构建充分发挥中央和地方两个积极性的体制机制，一是要从政府间关系和激励约束机制两方面入手；二是正是这种差异才导致我们取得明显好于印度、巴西等国家的社会经济发展成就，我们需要的就是从这种差异中找到或识别我们现行体制机制中应该保留的和需要改革的部分。

自中国共产党成立至今的100年时间里，我们完成了中华民族的站起来、富起来，正在走向强起来。概括这100年的实践，基本经验有：（1）基于因时、因地制宜，而非“一揽子”解决方案的政府间权责划分策略。（2）政府集中和动员资源的能力。虽然也是多级政府，但我们拥有一个以中国共产党为领导核心的政治组织体系，具有强大的组织动员和集中资源的能力。（3）偏好一致性。即能够形成政府间、政府官员与老百姓之间的共识，做到观念统一、目标一致，能够避免印度、巴西等国家因党派利益等产生的矛盾与冲突。（4）互动机制。有三个层面：一是行动上的上下级相互纠错，这是我们的优势。二是同级相互协商，政府、人大、政协之间的协商机制，而不是一个简单的监督与被监督机制。三是地区间的合作意识。这种互动机制大大降低实践上的解构性张力，容易实现行动上的合作博弈，并往往在结果上实现了政府间和群体间的合作共赢与整体利益的最大化。

综观世界各国的实践，几乎找不到完全相同的政府体制机制，特别是政府间权责的划分大都是利益集团长期博弈的结果。因此，我们必须坚持走中国特色道路，在借鉴其他国家先进经验的基础上，继承和发扬在中国特色社会主义建设过程中成功的做法与经验。只有这样，才能通过健全充分发挥中央和地方两个积极性体制机制，有力推进国家治理体系和治理能力现代化，充分发挥各级政府在经济社会发展中的作用。

[主旨发言]

ZHUZHI FAYAN

于海峰

广东财经大学

广义的财政应从国家治理的层面来理解，它应该是一个综合性的范畴，也就是综合财政或政府综合财务，凡是和国家治理相关的收入、支出和管理都应纳入广义财政的范畴。也就是说，财政学的研究范围不能仅局限于现在的财政活动本身，与治国理政和政府履职尽责有关的所有收入、支出、管理、政策、法律等都应当纳入财政学科的研究范围之内。

中国财政学会高度重视财政学基础理论创新，对财政学学科建设问题高度关注。

在廊坊会议期间，我曾讲过，财政学就是财政学，它应该是一个多学科交叉融合的独立学科。从国家治理的层面讲，国家财政应该是综合财政或广义财政。党的十八届三中全会将财政定位为国家治理的基础和重要支柱，说明财政工作的重要性，也表明构建中国特色社会主义财政学和财政学科建设的重要性。

这次会议的主题是新时代中国特色社会主义财政基础理论和财政学科建设，是廊坊会议和泰安会议的延续和深入。

我觉得，财政本身是有其特殊性的，财政实际上是“财+政”，政以财为基础，财是为政服务的。财政是国家治国理政履职的重要保障，把财政定位为国家治理的基础和重要支柱是十分准确的。财政学科应该是非常宽泛的学科，因为财政工作涉及经济社会发展和人民生活的方方面面，有其客观存在的特殊性。作为研究财政运行规律及其主要矛盾的财政学科自然也有其特殊性，财政工作既是经济工作，也是管理工作，同时还涉及法律、社会、科技、文化等方方面面，更是国家宏观调控的重要手段，是为国家治理服务的综合范畴。所以说，财政学科不能简单地归结为经济学或管理学，它应是多学科交叉融合的独立一级学科。如果只就财政论财政，财政学科建设将会走进死胡同。

就我对财政工作的理解，认识财政问题应有狭义和广义两个角度。狭义的财政主要是现行财政部门负责的收入、支出、预算、管理等方面的工作。广义的财政应从国家治理的层面来理解，它应该是一个综合性的范畴，也就是综合财政或政府综合财务，凡是和国家治理相关的收入、支出和管理都应纳入广义财政的范畴。也就是说，财政学的研究范围不能仅局限于现在的财政活动本身，与治国理政和政府履职尽责有关的所有收入、支出、管理、政策、法律等都应当纳入财政学科的研究范围之内。

狭义的财政，通常是指政府财政部门管理的范畴，在预算上一般指一般公共预算。广义的财政包括治国理政尽责的所有收入和支出，是综合财政，也可叫政府综合财务。党的十八届三中全会提出的政府综合财务的概念，应该就是广义财政的概念。新修订的预算法规定，政府预算包括一般公共预算、政府性基金预算、国有资本经营预算和社会保险基金预算，这是相对广义的财政口径。以2019年为例，我国狭义财政收支大约在20万亿元，约占当年GDP的20%。四本预算合计约为40万亿元，占当年GDP总量的40%。

当然，财政学也应该研究财政收支的边界问题，不同时期政府财政的边界可能不一样，财政供给和调控的范围会有一定的区别。这与经济社会发展水平、社会基本矛盾变化和政府调控范围有密切关系。从新中国成立初期的生产建设财政到改革开放以来的公共财政再到现在强调治国理政尽责的大国财政，都表明不同时期的财政是有边界和侧重点的。

财政学要研究财政发展改革的规律，也要研究不同时期财政的科学边界。这个边界不能太窄，也不能无限放大。不能什么都管，什么都包，要与治国理政的需要相吻合，要以解决基本问题和主要矛盾为主。当然，财政的公共性和人民性是必须要保证的。

我这里讲的广义财政或政府综合财务实际上讲的也是财政的实质边界问题。党的十八届三中全会提出的建立政府综合财务报告制度，实际上也是深化财政体制改革、真实反映政府财政活动的需要。编制政府综合财务报告可以更加科学、全面、准确地反映政府资产负债和成本费用，对强化政府资产管理，降低行政成本，提高运行效率，有效防范化解财政或公共风险，建立现代财政制度，促进财政中长期可持续发展和推进国家治理体系和治理能力现代化具有十分重要的现实意义。希望我们能够跳出财政看财政，从政府综合财务的角度拓宽财政研究的视野。

专家研讨

ZHUANJIA YANTAO

刘小兵

上海财经大学

自然科学研究的是自然之间的关系，而社会科学研究的是人与人之间的关系，这个特点决定了财政学科的研究一定要建立在人与人相互尊重的基础上。

今天讨论的主题是财政基础理论和学科建设，听了7位嘉宾的演讲，深受启发。关于这两个话题，我也有一些不成熟的想法，想在这里求教于大家。

一、关于财政基础理论

财政学基础理论有很多悬而未决的议题。目前看似已经达成共识的很多已有的财政基础理论，经过仔细推敲还是存在不少问题，需要我们进一步去研究、解释。目前不管是西方的还是我国的财政学的基础理论，对于解释和指导实践，应该说还不具有很强的可操作性或者说非常具有现实意义，这是我的切身感受。

公共产品理论是财政学最经典、最核心的理论。不管是共同需求论，还是国家分配论，都会涉及这个话题。公共产品理论好像很成熟了，什么是公共产品已有明确的定义了，但仔细推敲会发现，结合我多年参加“两会”的经验，预算所提供的很多服务都称不上是公共产品。从收支分类科目来看，不管是按功能分类，还是按经济性质分类，有很多支出所对应的事项能不能叫公共品都成问题，如科技、交通、金融、社保、商业服务等支出。从理论上来说，具备非竞争性、非排他性的产品就是公共产品，但凡是具有非竞争性、非排他性的产品就一定是公共产品吗？不一定！我们经常会用国防来打比方，国防是公共产品。每个人消费一辆坦克，加起来还是一辆坦克。但问题是坦克一定是保护国家安全吗？不一定！国外不少国家的情况表明它有可能保护的是独裁者的安全而不是保护国家或者说民众的安全。关于什么是公共产品的理论并没有达成共识，我们现在所达成的共识并不是非常具有解释力的。

公共产品和私人产品之间的最优配置条件所决定的最优规模，通过什么路径能够实现呢？财政学没有回答。微观经济学回答了最优配置条件问题，市场价格形成的路径是竞争。但公共产品怎么达成最优条件？现在的实践是通过议会（在我国是“两会”）上代表们的讨论，有些国家或地区的议会成员还会因此打架，这样来决定公共产品的最优配置。这个到底是不是最优呢？理论上没有解释。公共产品有没有最优配置呢？在支出规模既定的情况下，国防、科技、外交之间到底各自占多少比例才是最优的呢？我国有20多万亿元的财政收入，在28个收支分类科目中怎么配置才是最优的呢？目前理论上是没有解释的。基础理论没有对公共产品的一些问题作出解释，使理论对实践的指导并没有多大的作用。很多时候，有些地方政府打着公共产品、共同需求的名义做事，做的很多事并不一定是公共的事情，满足的也不是社会的共同需求。

还有一个例子，把财政学归在人文社会科学中，我赞同刘尚希院长的几个观点，财政学不仅仅是经济学，还是政治问题，它和自然科学研究的对象、范式、方式还是有区别的。自然科学研究的是自然之间的关系，而社会科学研究的是人与人之间的关系，这个特点决定了财政学科的研究一定要建立在人与人相互尊重的基础上。研究人文社会科学必须建立在每个人都有相等的权利，相互尊重的基础上。如果不是建立在这个基础上，人文社会科学怎么能够探求真理呢？但是我们会发现，现在做很多研究的时候，有很多禁区，如果财政学科没有建立在互相尊重、自由包容的基础上，做研究是很难找到财政自身运行的规律的。这是在基础理论研究的过程中要注意的一点，要契合人文科学精神及其特征。

二、关于财政学科建设

财政学科作为人文社会科学的重要组成部分，相比发达的西方国家，在我们中国特色社会主义制度下，财政学科显得更加重要。在整个人文社会科学当中它的地位不亚于政治学、经济学。财政学要回答的问题是政府应该做什么，政府应该在哪里花钱，怎么花钱，这个问题非常重要。从这个意义上来说，财政学科的前途是非常光明的，但这并不意味着财政学专业非常光明，因为专业建设和学科建设是两回事，专业建设是人才培养，学科建设是追求真理、追求知识，构建一个知识体系。我非常希望并且认为所有人文社会科学专业，包括自然科学的相关专业都应该开设财政学课程，让每个学生都具有公共意识和问题意识，能够认清政府与市场的边界在哪里，能够认清楚政府做事情应该遵循什么样的基本规则。不仅是我们搞财政学专业的人要学，所有的人文社会科学专业的人都要去学，都要知道这些常识性的东西。同时，自然科学专业的人也要学这些东西，因为科技是把双刃剑，就像原子能技术有两个用途，一个是造原子弹用于战争，一个是发展核能造福人类。科学技术的发达，很有可能不是造福于人类，而是毁灭人类。而怎样用好科学技术，这是一个人文社会科学的问题。

学科建设对财政学科非常重要，特别是在中国当下，在新时代中国特色社会主义的背景下它更加重要。在2013年、2014年制订财政学教学质量国家标准时，与金融、外贸、经济学的三个教指委协商，将财政学作为经济学类学科的学科共同课，最后大家都同意了，写进了各自的教指委专业类国标中。但是，我注意到很多高校类经管类的专业并没有把财政学作为它的基础课，这是值得深思的，需要我们共同推动。财政学科的建设很有前途，至于财政专业则不加评判，因为财政学专业最后培养出来的人是不是到财税部门、政府部门，不是学校能够决定的，但从学科建设来说，还是值得我们所有同仁一起努力把这个学科建设好的。

专家研讨

ZHUANJIA YANTAO

王雍君

中央财经大学

概括起来，财政制度肩负两项重大使命：一是约束引导财政权力的运作，二是约束引导财政资源的运用。如果财政学往下分为两个分支的话，一个是言说财政权力的财政学，另一个是言说财政资源的财政学，两者“清晰区分、紧密结合”正是“美好社会”的关键性的前提条件。

今天我想给大家呈现一个不同于传统框架的财政学基础理论框架。这个框架打破了按学科和流派组织的财政学体系。目前，各高校使用的财政学教材，大致都是经济学意义上的财政学，其核心部分从陈述市场失灵开始，导出经济学意义上的财政职能——由马斯格雷夫在1950年的经典著作中给出的配置、稳定和再分配职能，之后给出两个应对市场失灵的路径：一个是政府间财政安排，焦点是支出划分引导收入划分，以及两类划分的不一致导出的政府间转移支付；另一个是财政政策，与货币政策和汇率政策一同作为宏观经济政策的工具使用。这个框架只有四个核心概念：市场失灵、财政职能、财政体制和财政政策。其他内容都属于外围部分，比如收支分类和财政学流派介绍等。

至于经济学视角以外的财政问题，同样被“肢解”到相关学科中，主要是政治学、公共管理与公共行政、法学、史学和社会学等。

财政学的主体性哪里去了？没人知道！

没有主体性的财政学，充其量只是其他学科的附庸：既没有独立成形的研究对象，也没有依研究对象逻辑式展开的研究体系，因此也就有没有独立成形的财政话语。到目前为止，财政学仍然采用其他学科话语“说自己的事”。更大的问题还在于，圈内人士似乎早已习惯于躲在别的学科之树下言说“财政枝干”，因为财政学未被建构为一棵足以与其他主要学科“平行之树”。

此局面由来已久，造成三个主要的负面后果。首先，即使圈内人士也很难就财政问题作理性沟通，如果不是陷入无谓意气之争的话，此情形有如火星人与地球人之间的各说各话。其次，支离破碎的知识体系很难避免一大堆琐碎观点的陈述与罗列充斥于教材、教学和研究中，以至引导“提对问题”“正确思考”和“激发洞见”变得无比困难，甚至很难分辨财政专家与略知财政问题的普通公众之间的差异。我担任硕士与博士研究生导师很多年了，客观地讲，在看到论文时不生气已经很好了！因为要发现满足其中任何一个要求的论文都颇不容易。

听刘尚希院长说，正确提出一个好问题胜过解决10个问题，我深有同感。爱因斯坦说过，提出一个好问题胜过找到100个答案。问题提不对，又不会正确思考，更不用说有什么洞见，原因是什么？原因概括起来有两个：一个是财政学的研究对象和研究体系过于支离破碎，间接导致很多学生很难以一个起码的概念框架来建构和陈述问题。

另一个是财政学的英文专业文献看得太少。目前财政学的知识体量已经非常庞大，因为从斯密时代开始已经200多年了。其间，西方学者的贡献相对而言比中国学者大了不少，毕竟人家的时间更长，因研究财政问题而获诺贝尔奖的学者全是西方背景的学者。作为客观事实，中国确实有差距。因此，要想在这个领域有小小的建树，没有足够深厚的英文文献积累几乎是不可能的。当然，还有一个投机取巧的方法，那就是自我想象或主观臆断地提出某些单独的观点，或者把它展开为更多的次级观点。之所以称之为“主观臆断”，其原因在于这些观点通常既无法被证实，也无法被证伪。也就是说，无法说它错，但也无法说它对。

科学的焦点不是what，而是why。观点式的财政思维，几乎全由what主导，原因很简单：几乎从来不去过问一个基本问题——真实世界的财政过程是这样的吗？这种“不观照现实”的财政学，类似于科思曾经批评过的“黑板经济学”：在课堂上条条是道，一对照现实就全部露馅！

这就涉及支离破碎的财政学现状带来的另一类后果：无力指导丰富多彩的财政实践。2013年党的十八届三中全会提出建立现代财政制度、促进国家治理的宏大命题以后，财政改革的频率加快、力度加大，但只要略看一下中文文献就知道，学界的回应依然是零碎式的观点回应，而不是基础理论层面的系统性回应，类似于停留在“授人以鱼”而非“授人以渔”应对饥饿的局面。一种基础理论如果不能系统回应现实挑战，也就谈不上“理论”，更不用说“基础理论”。真正的基础理论必须满足四项条件：统一解释、充分预见、指导当下实践以及引导未来明智行动的方向。现在这样的理论尚未出现。因此我们需要去建构它！

我把财政学的新知识体系称之为“智识财政学”，焦点并非具体观点，而是搭建有助于激发提对问题、正确思考和形成洞见的整体框架。这个框架并不排斥计量模型，但它约束与引导计量模型或数学方法从属于三个更紧要的问题：提对问题、正确思考和形成洞见。所谓垃圾论文，无非就是其中一个也不被满足。现在主流教学和研究方法明显“走偏”，那就是偏重数学方法。数学是所有科学的基础，也是所有科学研究的主要方法。

这原本没有问题，无须争执。问题在于：至少在社会科学领域，数学工具的重要性不能通过本身得到证明；相反，其重要性只能通过它对“提对问题”“正确思考”和“形成洞见”的潜在贡献，或者至少对其中一个的间接贡献，得到证明！如果没有潜在贡献，至少也得与三项要求保持一致。既看不出潜在贡献，也看不出一致性，纯粹是把计量模型和数据堆上去，甚至不惜篇幅去证明，之后做些通常无关痛痒的参数检验，之后得出通常更平庸的结论，甚至检验结果与预期不符的话干脆通过修改数据或参数使之“强迫”与预期一致。这类现象已经不是个案，随处可见，包括级别比较高的刊物的某些文章。

此类作为，除了进一步使财政学误入歧途外，不会有多少正面意义。

提对问题和正确思考比计量模型更重要。现在高校教学非常重视计量模型，我发现模型做得很好的学生中，不少学生不太会思考，也不太会提对问题。只要财政学的知识图谱未被正确搭建和理解，学术研究、教学和实践中的种种问题仍将延续和放大。

最近几年我写了几篇论文，中国知网组织翻译成英文，国际上推荐了几篇文章，焦点正是以知识图谱呈现财政学基础理论框架与知识进程。如果没有一个好的知识图谱来呈现知识发展的进程，我们又如何能够回应智识性挑战？在这个时代我们尤其需要智识，因为智识才是系统应对挑战和建立良好思维习惯的最佳选项。日益复杂的经济社会问题越来越多地集中在公共财政层面，没有足够的智识真的很难思考好、应对好。

知识图谱和智识财政学正是针对财政学作为“尴尬显学”的现状提出来的。财政问题上涉国际，下及民生，涉及博大精深、治国经邦的大学问。唐朝中期的杰出理财家杨炎有过名言：“夫财赋，邦国之大本，生民之喉命。天下理乱轻重皆由焉，是以前朝历选重臣主之，犹惧不集；大计一失，则天下动摇。”

现在的财政学有两大问题：第一个是研究对象不明确，第二个是研究体系凌乱。财政学话语也很贫乏，有很多盲点。主要根源之一在于按照学科思维组织知识体系，被肢解为碎片化的知识体系，缺乏独立成形的统一话语和主体地位。加上课堂上的启发式教学基本上全部让位于“我认为……”的特定观点式教学和计量模型主导的教学，学生很难从中学到多少真正有用的专业知识。

特定的观点只是提对问题和正确思考的自然结果。在大学课堂上，启发提对问题和正确思考的教学方法实在太少了。很多博士生问我，“老师我写个什么题目呀？”我说，只要是社会痛点，学术研究不充分的都是好题目。但是他们找社会痛点、找文献研究不充分的领域找不对，选一个好题目都很难，很难理喻。为什么会这样？不得不说，教育界同行们在用易懂的方法向非专业人士解释财政学的关键内容，引导“提对问题”“正确思考”和“形成洞见”方面做得非常不够。

基本的解决方案是还原现实，搭建知识图谱。目前财政研究中的主观臆断相当常见。基于确定的事实而非主观臆断建构的财政学，才真正叫作还原现实，也就是站在真实世界的角度去考虑问题，而不是“我认为……”。

搭建好的知识图谱必须基于确定的事实。包括宇宙在内，万事万物皆有一个根本源头，如果这个逻辑起点不对，整个知识体系搭建就是沙滩上建堡垒。

财政学的根本源头是什么呢？就是公众的钱财问题！目前我国财政支出占GDP的比重将近五分之二，规模非常大。

把公众钱财问题作为财政学知识体系的逻辑起点是必需的，部分原因在于这是一个真实的和意义非凡的起点。如果没有一种明确的财政话语把国家和政府拿的、花的钱称之为“纳税人的钱”，那么，整个财政学的知识体系将会全面崩塌，然后倒退到人类步入民主时代以前的王朝国家时代。

以此言之，财政学可定义为研究伴随获取与使用公众钱财而来的人类公共生活的处境、困境、秘境的学科。这样去定义它，我们才能明确研究什么：研究处境，处境在实践中可能会演化出困境；摆脱困境需要出路，就叫秘境。我们要有这样的思路去思考。

知识图谱的搭建是3—5个核心概念。任何一门成熟学科最多只有3—5个核心概念，其他的概念和整个体系是由此牵引而出的。牛顿的《自然哲学的数学原理》是一部划时代的革命性著作，他用了四个概念，即运动的三大定律和万有引力，却可以解释种类繁多的现象，确实令人赞叹。我们应该以这样的方式去思考。

在我的知识图谱中，财政学有三个核心概念：一个是公众钱财，拿钱、花钱都是公众的钱财。第二个核心概念是社会物品。我赞同刘小兵教授的观点，公共物品这种概念解释力非常弱。第三个概念是普遍利益。这是三个最基础的概念，其他的财政学概念都可以从这里牵引而出。这是一个认知层面的逻辑线索，很难去否定它，因为太真实了，也太重要了。

所以，在我看来，财政过程无非就是一个由“投入—产出—成果”表达的社会化过程，即社会获取财政投入、把财政投入转换为财政产出以达成财政成果的过程。财政投入即财政资源和财政权力，财政产出即公共政策与公共服务——或者在更广泛的意义上称之为“社会物品”，财政成果反映财政产出需要达成的根本目的：概括起来无非有两个，一个是与基于个体偏好的社会偏好相一致，另一个是反映集体主义价值观视角的社会凝聚力——由“财政共同体”概念表达。

这个过程中会遭遇到很多的困难和障碍。因此我们要去解读处境如何演变为困境，困境又如何去摆脱？追溯答案需要诉诸财政场域（fiscal fields）。这是我创造的术语，但不是凭空创造，而是有其客观真实且逻辑上很清晰的基础。有了这个概念的引导，我们就能关注为何许多国家、政府和社会没有能够有效地完成“投入—产出—成果”的循环式转换，从而寻根溯源地找到出路。

社会物品有两个层次，一个是财政制度，一个是公共政策与服务。两者都有明确的“社会边界”，比如中国纳税人的钱支持中国的公共政策与服务，这些政策与服务在国家边界以内是开放性的；在边界以外是封闭式的，根本就不是“公共物品”——充其量也只是外部性或外溢（spillovers）而已。少量例外或许可以理解，但也只是例外。国家内部也有更小的社会边界，比如各个地方辖区。人类天生就是地域意识很强的社会动物，这与社会物品概念很契合。此外，真实世界中，只要仔细地观察一番，就不难发现多数政府提供的大多并非公共物品，而是“社会共同体”负责提供的私人物品或准私人物品。由于这两类原因，把公共物品当作智识财政学的研究对象并不恰当，只有社会物品才完全契合：无论逻辑还是现实。

当代社会中政府的基本职责就是交付公共政策与服务。政府的本质是服务人民，纳税人的钱财只有被有效地转换为社会物品才有意义与价值。

公众钱财作为财政学的逻辑起点如此真实、如此宏大、如此确定无疑，足以让我们把财政学知识体系搭建其上。如果一个学科体系没有坚实的、确定的起点，一个宏大的、真实的起点，那就是宗教了。宗教不需要一个真实的起点，“我认为……”就可以，我相信就可以。科学的知识体系必须有一个真实确定的逻辑起点，就财政学而言，这个起点如果不是公众的钱财又是什么呢？没有公众钱财的拿和花，根本就不会有财政问题和财政学。

有这么一句话与各位分享：“世上最开心的事莫过于花别人的钱”，“世上最困难的事莫过于花好别人的钱”。政府花好纳税人的钱，存在很多障碍，花好纳税人的钱非常难，所以财政学才是一门艰深的学问。因为它关注的是普遍利益，又是一门高尚的学科。

公众钱财分两个层面，一个是资源存量，另一个是收支流量。中国是公有制国家，存量财政这一块是非常大的，比收支流量大很多。

在智识财政学中，社会物品定义为社会成员共担义务，并共享权益的共同体物品，不同于公共物品。真实世界中政府提供的大多并非公共物品。公共物品的解释力实际上非常有限，如基本住房保障，给穷人分发现金，这些都是私人物品。为什么政府提供那么多的私人物品呢？因为它被看作是社会共同体的集体责任，如此而已！也就是说，不是因为它们是公共物品，只是因为它们是社会物品。我们通常习惯经济学的公共物品定义，解释政府与市场的边界，这种解释力只是经济学的视角，真实世界中政府提供的物品就是社会成员共担义务、共享权益，无论是私人物品还是公共物品，我们都把它看作是概念化的社会物品。只有这样的定义我们才有能力解释现实。

财政制度是社会物品的一个层次，涵盖基本原则、基本原则引导下的财政规则，还有财政规制。财政制度约束与引导公款管理、财政职能、政府间财政关系、财政政策、财政绩效。制度的功能是社会赞同和推动履职。概括起来，财政制度肩负两项重大使命：一是约束引导财政权力的运作，二是约束引导财政资源的运用。如果财政学往下分为两个分支的话，一个是言说财政权力的财政学，另一个是言说财政资源的财政学，两者“清晰区分、紧密结合”正是“美好社会”的关键性的前提条件。一个美好的社会是需要去精心组织的，一方面能够有效利用稀缺资源，另一方面又能够以较少冲突的方式把社会组织起来。资源的充分利用加上人际关系的和谐，大致定义了“美好社会”，因为人类公共生活的最高理想和根本意义也可从中升腾而出。

建构现代财政制度的诸项基本原则中，首要的是法定授权。未经公民或其代表正式批准不得拿钱和花钱。几个月前，全国人大财经委邀请我做了一个直播。因为人大在审查批准预算决算方面还存在一些问题，我们现在用“法定授权”这个概念去表达的话，就可以把财政学的视野扩大，包括立法机关在内，因为授权征集收入、开支公款和举借债务皆为其“天职”。法定授权原则正是公款管理的底线。真正的公款只是纳税人的钱。二是受托责任。授权以后代理人有很大的权力，滥用权力的风险就大了，因此公民把权力授予政府的同时，还必须把责任授予政府，形成以责任制约权力的制度安排，这就是受托责任的原则。财政代理人对委托人关切的目标与利益负责，这个责任原则怎么落实？法定授权怎么落实？其中有许多丰富的细节，只是可惜我们现在的财政学话语太贫乏、视野太狭隘，呈现不了那么丰富多彩、博大精深的内容。三是财政透明度原则，即相关财政信息内的充分披露。四是预见性原则，关注消除可得资源与法律法规的不确定性。五是公共参与原则。即公众话语表达与政府回应。这五项原则环环相扣，逻辑次序不能颠倒，以此形成现代财政制度建构的五项基本原则，全部都是良治（good governace）的基本原则。

普遍利益有时被称为国家利益、公众利益或公共利益，这里无须就此展开讨论，因为真正的问题不在于使用什么样的概念，而在于概念能够清晰表达的实质是什么。普遍利益有两个要素：一个是偏好一致。政府的税收/支出方案应最大限度地满足公民偏好，概论起来，这是“以人民为中心”的发展理念的核心元素。财政民主的基本问题就是个体偏好揭示与偏好聚合问题。集体意志不能抽象掉个体价值。目前的财政学缺乏对“偏好”的关注，西方财政学在这方面下了很多工夫。如果政府处理税收和支出问题不需要考虑社会成员的价值与偏好，问题就简单了，但也全然没有了高尚意义与价值。另一个是表达社会融合或凝聚力的共同体概念。我们对财政问题的处理，共同体的忠诚感与归属感无比重要，集体主义价值观永远不可放弃。国家并非适当的基本分析单元，合适的集体概念是共同体。

至此，知识图谱呈现的财政过程可表述为：把公众的钱财转换成社会物品，以社会物品促进普遍利益。这是一个宏大复杂的社会化财政过程，我们要好好研究它。这里面涉及了三个问题：什么是财政过程的本质？财政过程是怎样展开的？财政过程的处境、困境、秘境应该如何呈现出来？

如果把财政看作一个过程，这个本质就是共同义务。公众就是纳税人，为什么要把钱财交给政府？因为我们有共同义务。个体和集体都有共同义务。集体就是共同体，负有保护和惠及其所有成员的共同义务。为什么政府要向公众提供社会物品，促进公众的普遍利益？因为政府负有这样作为的义务，也就是作为共同体代理人的义务。集体就是共同体。个体也有共同义务。从义务开始的思想结构的优势非常明显，因为如果不能表明财政义务的合理来源与限度，约束、引导财政权力与财政资源以促进普遍利益就是一句废话。也就是说，我们谈论的财政问题、财政资源、宏观税负等问题，必须要追溯到个人和集体的合理义务是多少？来自何处？如果这些基本问题解释不清，其他财政问题也很难说清楚。义务观财政学才是讲财政学是研究拿人钱财、替人消灾的高尚学科。

财政过程的展开因而可使用5个核心概念表达：社会物品、公共政策与服务、财政制度以及财政偏好和社会融合。后者也可表述为财政共同体或社会凝聚力。

这五个核心概念用以约束与引导财政学的全部内容，主要有五个模块：公款管理、财政职能、财政体制、财政政策、财政赞同。财政赞同是财政规则本身的社会赞同，还有作为财政结果绩效的社会赞同，这两个层次非常清楚。五个模块的逻辑关系也是如此：先由公款管理带出来财政职能，财政职能带出来财政体制，财政体制确定以后才会有财政政策问题，财政政策最后会有一个结果，也就是绩效层面。财政学从公众钱财这里出发的话，是一个很合理的出发点，很难动摇。遵循这些逻辑线索建构的财政学，便具有了坚实的客观基础，从而彻底告别“黑板财政学”。

财政过程的展开还涉及其他问题。这个过程不会自动进行，需要有工具来驱动把公众钱财转化为社会物品以促进普遍利益的进程，这个进程依赖于财政制度、组织架构和技术方法。财政学不研究组织架构的传统早就该终结了。

好的财政制度从逻辑上讲还必须是获得广泛持久社会赞同的制度结构，涵盖形式正义和实质正义这两个一般标准。推动政府履职是另一个重要标准。政府必须制定实施公共政策，以合理成本向民众交付充分和优质的公共服务。

组织架构层面的问题几乎未进入财政学视野，这不正常。不妨直接提一个相关问题：财政部门和发改委合并会不会更好一点？财政问题会不会因此处理得更顺畅一点？就是这么一个简单的组织架构，目前在财政学的研究里面基本上是沉默，没有人说这事，无论组织形式还是组织激励。

知识图谱的进程应该呈现处境、困境、秘境，这个概念我用一个词来表示叫“财政场域”，是什么意思呢？一个是强制纳税，强制性是必要的，但强制性也会带来问题，政府无论花多少钱，反正是强制纳税，这就有了过多赤字、过多负债、过多支出和财政不可持续的风险。另外一个是集体行动带来的白搭车问题，实际上还有集体迷失这个后果。

这些都表达了财政过程的困境，但困境还有其他来源：公地悲剧和代理问题。财政资源是一块公共资源，免费的资源。世上免费的好东西都会被糟蹋了，没有例外。内蒙古的草原、山西的煤，都是公地悲剧的经典例子。公共财政资源和财政权力何尝不是“公地”？另外一个是委托—代理问题。正因为存在困境，公众的钱财通常很难转换为社会物品，就算可以转化，对普遍利益的促进也有限，所以我们应该努力去揭示是什么障碍和困难妨碍了财政过程的有效展开。这是我们要独立去研究的大视野财政学。这些分析在宏观背景下可表述为社会困境：个体理性之和招致集体非理性。

悠悠万事，财政为大。当代财政学应有能力解读人类发展进程中那些宏大而精微的问题，但财政学的现状堪忧。知识图谱的建构与应用可望作为救济之道。

概括起来，财政学的未来首先取决于我们这代人的思考能力。首要的是保证思维方式既合逻辑又对照现实，其次是与“我认为……”之类的大话空话套话彻底决裂。

杨志勇
中国社会科学院

财政学要解决现实问题，宏观财政学的基础内容应该要有，还必须延伸出来财政学决策的内容，包括财政部门内部的决策、国家财政决策、地方财政决策等；还应该有财政制度学，比如说像财政法制问题；还应该有更接地气的财政学分支，它不只是国家层面的微观领域的财政学，而应该是企业视角、个人视角的财政学。

很高兴有机会和大家讨论财政学的基础理论研究,《财政研究》上财政基础理论的文章很多,说明这个问题很受关注。上午听了各位专家的财政基础理论主题演讲,受益匪浅。从不同的角度对这个话题的讨论,促进了财政基础理论的发展。

财政基础理论研究需要关注的内容特别多,我从两个方面来谈:一是财政基础理论,二是中国财政学的构建。这两个方面是密切关联的。什么是基础理论?它应该是财政学具体理论的基础。如果我在进行具体的财政问题研究时,不需要这样的理论,那么这样的理论谈不上基础理论,不管是明的或者是暗的。从这个角度来说,在大学里经常会有这样的情形:一个从来没有学过财政学课程的教师,拿着财政学的教科书就直接开讲,财政学似乎没有门槛了!高培勇老师多次谈到财政学的门槛问题。专业门槛怎么会没有?同样是汉字,认识不见得就能读懂。现在经济学谈门槛,基本上都集中在数学工具的应用上。当真如此,经济学这个学科门类可以废了,数学可以取而代之!显然经济学不是这样,财政学也不是这样的。那些觉得自己懂了财政学的,不见得就真懂,不要被华丽的外衣所迷惑。我们还是要相信学科的知识沉淀,还是要相信即使学科入门也是要问津的。

现象的存在总有一定的合理性,但可以明确地说,财政学教学确实存在很大的问题。盲目地崇拜数学,盲目地认为应用数学就是最高境界,盲目地相信引用率越高就是论文水平越高的信号,以为财政学完全可以做到触类旁通。各个学科情况不太一样，最极端的是数学，引用率从来都很低，有时甚至能看得懂论文的也没几个人。当然，作为社会科学的财政学，现实感更强，门槛也确实没有数学的专门分支那么高，但作为一个学科，一个专业，基本的门槛还是有的，只不过有人不知罢了。“人类一思考，上帝就发笑。”发言呢？恐怕就更甚。财政学教学中，有人以为学了经济学，财政学的课程就都可以教，但真的可以教好吗？不一定！课堂上讲，讲了就过去了。前段时间有一财政学课程师资培训，培训之后有人在提问中说，公共产品就是公共部门提供的产品。我有点纳闷。这个在财政学界有公认的界定，怎么又有新发现？同一定义，有不同的理解没有任何问题。但我们毕竟是要讨论问题的，基本概念的内涵都要换，那么讨论是进行不下去的。我还是坚持，这样的基础层面的专业名词我们还是要有一个基本的共识为好。术语用错，再往下讲，错误可能更多。

传统财政学中的基础理论，无非是财政的本质、财政的职能和作用、财政与经济关系等。财政的本质我相信大部分教师在课堂上都已经不讲了，甚至有的教材都没有这方面的内容，当然教材中有的，也不见得有人会讲。多数教师会认为因为财政本质看上去很无聊。实际上只要了解为什么会这样，那么无聊的背后就是一段学术史。20世纪50年代，财政学教科书基本都这么讲，要把财政学变成科学，就必须透过现象看本质，所以财政学一定要讲本质，不讲本质就不是科学，财政学称为财政科学应该也和这有关。讨论多了，财政本质的论述就写进教科书了。财政职能作用过去的争论也比较多，但我们最擅长的是你自己怎么说，我自己怎么理解。财政职能文字一样，但不同人理解大不相同。传统财政学界就注意到这些理论的内在缺陷。比如将财政职能理解为财政本身所固有的职能，这么说没什么问题，但既然是固有的职能，怎么能不断地增加职能呢？你可以说，科学发现所致，但问题是这个职能加进去，那个职能加进去，虽说是固有的，却是通过主观能动性的作用积累下来的，怎么能说是固有的呢？因此，有人就不去管这个，直接混用职能和作用。再后来，社会主义市场经济体制改革目标确立了，问题的处理就更简单了。现在的财政学基本是财政经济学。对财政学科、财政学专业的人来说，财政学再怎么样都是经济学的一门课。这限制了财政学的发展空间，影响了财政学作用的发挥。如果是财政经济学，或者公共经济学，我们看到的基础理论大概就是市场失灵与政府干预、公共产品、公共选择等内容，因为只是经济学的视角。而且经济学本身也需要发展，也就很容易出现一种状况，不能解释现实或只能解释一部分，因为这是理论自身缺陷所导致的。

财政基础理论的发展，需要适应中国特色社会主义已经进入新时代的背景。有了这些背景，同样的名词也会有不同的理解。现代财政制度、公共财政、国家财政、国际财政等都在用，但或者是传统财政学教科书所没有的，或者是有但理解不一样，如国家财政。过去，教师在课堂上会强调财政的阶级性，但现在课堂上基本上不强调阶级斗争，而更多的是强调公共性。公共的问题引人注目。刘尚希院长基于不确定性研究公共风险，在此基础上重构财政学，财政的公共性就特别明显。新时代，自然而然会对新的财政学基础理论产生需求。就整体而言，财政学的基础理论供给还处于短缺状态，这需要我们一起去创造，根据现实的发展去总结和创新。

接着谈构建中国财政学这一话题。什么是中国财政学？怎样才能回答刘尚希院长所说的写一本财政学，写一本能指导财政实践的财政学呢？这样的财政学，我想可以从这几个方面得到一些支持：一是从历史的视角去看，从财政学、财政史、财政学史来看的话，《国富论》中讲财政问题，涉及政府、君主和国家的费用等几个方面。我们现在只讲前面国防、维持秩序、公共工程三方面内容。《国富论》涉及财政学的维持君主的尊严的内容不说了，这是英国那个时代的烙印，已经过去了。再看一些后来的财政学教科书，其实也是对当时英国那个时代的反映。现在我们所接触到的财政经济学框架基本上都是马斯格雷夫1959年《财政学原理》那本书中的内容。财政职能（财政功能、政府的经济作用）包括三方面，即资源配置、收入分配和经济稳定，多数财政学教科书吸纳了，这方面的内容已经变成公共知识。

从很多方面可以看到财政学的变化，比如收入分配话题，现代财政制度构建中如何解决公平问题。《国富论》中讲公平，可以看到谈的只是征税与公平的关系，不是整个社会的公平。讨论社会公平的话题，我们可以追溯到20世纪30年代发展起来的宏观经济学，有了宏观财政理论，就可以讨论国民收入分配格局的一些大话题。从历史上来看，财政学的发展与社会问题的出现有关，与分析工具有关。如果一个话题很重要，但没有办法去分析，之所以不去研究它，是因为工具所限，但这不等于这个问题不重要。研究不足是因为分析工具的约束，只要工具发展，或有了新的研究路径，这样的问题就可能得到进一步的研究。从历史来考察，财政学是与时俱进的。马斯格雷夫的财政学强调历史背景、制度分析，他也知道其中的局限，所以他强调说他的财政学是财政经济学，舍弃了很多东西。

从现实来看，中国财政是一个发展中大国的财政，又是一个让社会主义市场经济体制更加完善的财政，我们需要更深入地研究全球财政、国际财政等问题。中国还处于社会主义初级阶段，经济建设仍然是中心任务。中国经济规模世界第二，但经济实力还远不能和发达国家相提并论。21世纪已经过去20年，放眼未来，我们能想象未来的中国财政会是什么样子的吗？我想其中有一点，也可以单列出来说，科技进步的影响，对它的影响非常深远。科技进步了，但是现在中国人还不怎么重视隐私，任由网络收集，从长远来看，这会给社会治理带来问题。发达国家的一些做法，仍然值得我们借鉴，要不治理水平很难适应未来社会发展的需要。

财政经济学回应不了现实的全部财政问题，因为它只对应的是效率、公平、稳定问题，而且这三个方面的问题也不见得就解决得那么好。现实中，预算工作是财政工作，会计管理也是财政工作，金融机构出资人的工作、国有资产管理也是财政工作，现在的财政学教科书上把不少具体财政工作的内容忽略了。国企的管理、国有资产管理也是财政工作，财政学教科书这方面的内容很不够。不去写、不提炼这些方面的工作经验，财政学教科书就和实践存在差距。财政经济学解决不了问题，那还有别的什么呢？我们过去有财政管理学，其实好多内容过去的财政学都在说，但是我们慢慢地不去讲了，财政管理学至少可以解决财政运行的问题。现在能上财政学本科生课程的教师，不一定能说得清楚财政是什么，中国财政是什么。如果一本财政管理学能把基本的东西在里面体现出来，那情况就会不一样，税收管理、非税管理、基金管理、财政支出管理、中央和地方财政的管理等，这些方面管理的内容能有一本教科书，把这些基础的内容都包括进来就很好。

财政问题和政治问题联系特别密切。财政学在早期的时候和政治学关系特别密切。一般认为第一位编写系统的财政学教科书的是陈启修。他早年在北京大学讲授《财政学总论》课程，那时他是政治系的教授。他编的教科书《财政学总论》，其中有不少与政治学密切联系的内容。现在流行的财政学教科书，主要是微观财政经济学。宏观财政部分的内容太多了，财政学容纳不下，主要内容就移出去了，变成了宏观经济学的内容，因为宏观经济学主要研究的是财政政策和货币政策，前者就是宏观财政学的主体内容。财政学要解决现实问题，宏观财政学的基础内容应该要有，还必须延伸出来财政学决策的内容，包括财政部门内部的决策、国家财政决策、地方财政决策等；还应该有财政制度学，比如说像财政法制问题；还应该有更接地气的财政学分支，它不只是国家层面的微观领域的财政学，而应该是企业视角、个人视角的财政学。过去说财政学的时候，只是说国家怎么收税，个人对收税有什么理解？比如说政府采购、政府购买服务，财政活动对个人的影响这其中都会有。从事财政学研究，经常看国际上怎么做，但是我们会发现，比较财政学发展得非常非常缓慢，没有一个纯粹的方法论，这是一个大问题。我曾经遇到一位中央美院的教授，他说美术学有三门主干课程，即中国美术史、外国美术史、美术理论。历史很重要，中国和外国，虽然没有比较，但学这个课程肯定会拿国外的来作比较。我想应该有财政学史、比较财政学史。如果有这样的学科，那么这可能更有助于我们想象未来国家现代化目标完成时的中国财政的总体蓝图。

专家研讨

ZHUANJIA YANTAO

马　珺

中国社会科学院

财政学基础理论属于理论研究，它对应了财政学的应用研究。它的研究对象比一般的理论研究更加抽象，聚焦于财政理论背后的国家观念和方法论基础。在位序上，基础理论居于观念和方法论层面，高于具体财政理论研究，直接影响具体财政理论研究的取向和研究方法。

什么是财政学基础理论？我们对什么是财政学基础理论还没有共识，缺乏共识影响了当前和今后的讨论。整体来说，财政学基础理论研究在中国财政学界长期占有一席之地，甚至在很长一个时期里，还曾经是财政学研究的核心内容。未来我认为它仍然会是财政学领域的重要内容。为什么呢？

一是学术传统的路径依赖和历史延续性。我们产生话题的环境没有根本性的改变，我们与过去的历史没有彻底的断裂，这个话题就会长期存在，这叫历史延续性。二是学术群体的活跃度和动员能力。只要关注这些话题的群体依然存在，只要这些人还在研究，这个话题就不会断。我们现在可以看到，关注这些话题的人，这部分学者现在都处于自己学术生命的成熟期，位于各大学术机构的重要岗位，他们拥有强大的学术动员能力和学术号召力。

尽管这个话题仍然会是一个重要的研究领域，但和财政学其他研究领域相比，不得不说它的处境的确有些尴尬。一方面，在整个国内学术界，财政基础理论研究显得“自成一体”且“相对独立”。主流的研究、主流的刊物，如《中国社会科学》《管理世界》《经济研究》等顶级刊物以及其他重要刊物几乎不关注这一话题，这是该研究领域面对的问题。另一方面，从国际范围来看，这个话题呈现为一个中国特质的问题，在国际上不太容易找到对应物。如果根据英文直译去寻找的话，财政学基础理论更多指的是财政基本原理，有时候是初级财政学原理，有时也有高级财政学以它命名，与我们中国语境下的财政学基础理论完全不是一码事。在当前财政学研究英美化的今天，中国这一传统特色研究领域滑落于主流财政学研究视野之外，我认为是必然的，它必然是一个非常小众的研究。在这样的背景下，这么多人齐聚在这里研究这个话题，看上去如此重要而宏大，实际上又如此小众，国际财政学领域又找不到它的同行，作为一个研究领域，我们应当怎么看待自己的研究？不能说我们自己认为它重要它就重要，它的学术重要性究竟在哪里？除非这个话题本身确实具有理论价值，值得加以重新挖掘和展开深入研究。这个问题不能回避。

财政学的研究主题包罗万象，为什么要专门研究财政学基础理论呢？我们必须回答以下问题：什么是财政学基础理论？它的学术价值在哪里？研究它有意义吗？是不是我们这一代学者慢慢退出历史舞台之后，它就烟消云散了？如果知道它是什么，它是有价值的、值得研究的，我们应该展开研究，那我们应该用什么样的方法来贯彻这样的研究？今天的研究看起来是各说各的，其实是各有各的知识地图。刚刚王雍君老师展示了一幅令人敬佩的知识地图。可能在座的学者心中有自己的知识地图，但这个知识地图之间缺乏对话、缺乏统一、缺乏共识。在这个意义上，我觉得还是要认真地反思自身，怎么看待我们的过去，过去我们做了什么？这70年来财政学基础理论有什么样的发展？对于推动财政理论的发展又有什么意义？

关于什么是财政学基础理论？目前并无统一意见。

首先是术语使用不一，有的学者叫“财政学基础理论”，有的称为“财政基础理论”。我们这个会议一直称“财政基础理论”，这是一个表现。除了基础理论之外，有的学者称之为“基本理论”（陈共、张馨），还有“理论基础”（陈宝森、刘明远）的称法。有人认为这些都不重要，就是一个说法取名而已；而有的学者就认为很重要，基础理论和理论基础不一样，不能当作一回事。基础理论指的是比较基础的那一块理论；理论基础是在它之上的方法论。所以才有学者（许毅、刘邦驰、姜维状）强调要重视对财政基础理论的理论基础的研究。其次是关于基础理论的内涵，也缺乏共识。不管叫什么名字，对它的意思理解上是否一致？其实也不一致。邓子基先生认为财政基础理论就是财政本质观（包括国家观），这一点他在回答别人质疑的一篇文章中提到过。有的学者说，财政基础理论只是财政学研究的方法论（许毅、陈宝森、刘明远），他们从方法论的角度来理解财政基础理论。吴俊培老师认为财政学基础理论是指财政理论中的核心概念，而且他明确指出财政学的核心概念应该是公共物品，认为应该用公共物品来代替国家分配论中的国家需要，以此作为财政学的基础理论。孙复兴、周雁赞同吴教授的观点，认为应该以核心概念作为基础理论，但他们认为核心概念是生产力。学者之间的分歧太大了。核心概念作为一门学科的精髓，固然很重要，但我认为，以核心概念作为基础理论缩小了财政基础理论涵盖的范围。有的学者认为基础理论是应用研究、对策研究的对应物。王延杰1994年就提出了这个观点，还有在座的傅志华老师和陈龙老师，他们二人最近的一篇文章里面也提到过，把基础理论和应用研究分开，这个我是赞同的。

对财政学基础理论理解的分歧，其实已经给财政学讨论造成了极大的不便和困扰，它影响了学界内部的对话，如果互相之间连研究对象是什么都不清晰，就很难在内部达成共识，也容易使外部对我们研究的学术意义和价值产生怀疑。我们需要在财政学基础理论的概念上达成一个共识。我有一些初步的思考。财政学基础理论属于理论研究，它对应了财政学的应用研究。它的研究对象比一般的理论研究更加抽象，聚焦于财政理论背后的国家观念和方法论基础。在位序上，基础理论居于观念和方法论层面，高于具体财政理论研究，直接影响具体财政理论研究的取向和研究方法。

对前人的看法做一些回应。第一，由于财政学基础理论包含了财政理论研究的方法论这一侧面，就没有必要再强调财政基础理论研究的理论基础问题，以避免概念的混淆、重复，我们需要厘清各个术语的意义所指。第二，财政学的核心概念虽然重要，但它属于具体财政理论层面的内容，不足以替代作为国家观念和方法论的基础层面研究。第三，还是有必要给财政基础理论一个更加清晰的界定，确定它的研究边界和范围。

当前我们的一个问题是，凡是不属于财政经济学内容的，都被归入基础理论了，成为大家各自观点的合集。我想还是应当寻找交集。现在不管是哪个流派，主张什么样的观点，都没有办法回避财政收入、支出、债务、预算管理、财政体制、财政政策等理论和实践问题，基本上每一本财政学教科书，都回避不了这些内容，它们不一样的地方是什么呢？我想最重要的，还是国家观念和方法论问题。如果能从这两个方面将不同的财政理论和不同的财政学加以区分，等于把财政学的教材与更基础的理论架构分开来，这就叫财政学的基础理论，相关的研究是财政学的基础理论研究。假如这样定义财政学的基础理论，是能够找到在国际上进行对话的可行渠道的。我之前也写了一些文章，西方的财政学从更早的时期到现在来说，其实就在这两个最基本的方面发生了变化，不同流派之间才有所不同。

讲了对财政学基础理论的看法之后，怎样看待我们70年的财政学基础理论的发展历程？现在大家都在总结、研究新中国成立70年以来的财政及财政学科发展，我提出从“三个方面—四个阶段—两种压力—一条主线”来研究。三个方面是指经济社会发展、经济学的发展和社会主流意识形态的变迁，他们共同构成财政理论的生成环境，塑造着不同时期、不同特色的财政理论。从四个重要的发展阶段来看，经济社会的发展是财政学发展的根基。按当前的主流分期方式，可以对财政基础理论70年的发展划一个分期，分别是计划经济时期、向市场经济转轨时期、市场经济时期和社会主义新时代以来。两种压力，一是指财政学者面临外在的学术压力，前30年来自苏联，后40年来自英美。学术引进的压力对国内财政学基础理论发展造成了冲击，最根本的仍然是怎么样看待国家，怎么看待国家的另一面就是怎么看待个人、社会，这是一个问题的两个方面。然后就是研究方法，用个人主义的方法论，还是用马列主义的方法论。二是指来自社会主流价值观的压力，也在影响着财政学研究本身，到今天为止依然是这样。在这种社会背景之下，中国的财政学有一条主线，就是一直在探求“我是谁”，中国财政学者从来没有放弃自己的学术自主性和学术独立性。我们很多前辈，这方面做了工作，也付出了代价，像张馨老师，当年提出公共财政论的时候，其实也受到了很多非学术的压力。但我们的学者从来没有放弃过。尽管有人批评中国财政学只是解释、阐释，没有起到政策引领的作用，然而如果客观地看待我们过去的历史，70年中在不确定的外部环境下，中国学者能做到的，我们要客观承认，要设身处地地去理解和思考，而且我们要学习他们当年的经验和教训。

专家研讨

ZHUANJIA YANTAO

孙　开

东北财经大学

目前来看，在财政理论指导财政实践方面还存在很多值得关注的问题，财政理论结合财政实践也有些不足。与此相类似，财政理论研究与财政实践及财政实际工作之间相互脱节的现象或问题也在不同程度上存在着，从某种程度上讲，财政实践正在倒逼着财政理论的发展。

自改革开放以来，财政基础理论研究大致经历了两轮热潮，一轮是20世纪八九十年代兴起了引进、研究西方财政理论和观点的热潮；另一轮是近些年来，开始探索新时期、新条件下有中国社会主义特色的新的财政基础理论。目前，财政理论体系发展当中主要面临着值得我们思考的三个方面的问题：一是财政理论是否脱离或者滞后于财政实践，财政理论如何更好地指导财政实践；二是如何运用中国的财政理论讲好中国的财政故事，财政基础理论如何根植于本土；三是与兄弟学科互相比较之下，本学科所感受的压力和面临的境况及解决问题的出路。这里主要就财政理论与财政实践之间的关系、财政理论研究与财政实际工作两者之间的相互作用问题谈几点想法。

如果经常关注高新技术方面的发展动态就会发现，诸如航空发动机、芯片、AI技术等，这些技术的发展需要大量的人力、财力、物力的投入，需要反复做实验，然后需要相当长的科技成果现实应用转化的时间。高新技术的发展，在很大程度上是要依靠数学，数学是学习和研究现代科学技术必不可少的基本工具，这说明基础学科和基础理论非常重要。在财政领域，财政基础理论当然也很重要，把财政基础理论问题研究清楚了，对于财政实践和财政改革具有重要的指导作用。

理论和实践的关系，是一个长久的话题。我们知道，实践决定理论，实践是理论的来源，是理论发展的根本动力，是理论的最终目的，实践是检验真理的唯一标准。同时，理论对实践有能动的反作用，理论产生的最终目的是为了更好地指导实践，真理和科学理论对实践有巨大的推动作用。关于财政理论对财政实践所起到的支撑作用，这方面有相关的例子值得我们思考。

我们可以举出改革开放初期注重财政理论对财政改革与实践的指导作用的例子。大家都知道第一步、第二步利改税，知道税利分流改革时期体现出的对相关改革理论依据的重视，即国家的双重身份及相应的双重职能，对这种改革理论依据的深刻分析和阐释，有助于税利分流改革的顺利推进，有助于达到这种改革的目标。具体地说，就是在社会主义条件下，国家对国有企业具有社会管理者、资产所有者的双重身份和与之相适应的双重职能，这是对国有企业实行税利分流改革的基本理论依据。依据政治权力，国家对企业征税；依据所有者权力，国家从国有企业分取所得税后的一部分利润，较好地体现政企分开的原则。可以说，这样的理论对于税利分流改革起到了积极的推进作用。

理论基础主要表现在它的抽象性和概括性，而不是用它来解决具体的某一个细节问题。具有抽象性、概括性特征的公共产品理论和学说也可以从某种程度上带来一定的启示。公共产品理论对研究和处理政府与市场的边界问题，提供了一定的依据。除此之外，它对政府间财政关系的安排和确定，也具有一定程度的作用。把公共产品的内涵同政府的财政职能联系起来，可以说，政府进行的资源配置、收入分配和经济稳定与发展方面所进行的努力及其相应的效应等，均为公共产品的重要组成部分，并且可以在中央和地方政府之间对这种职能进行相应的划分。研究公共产品的受益范围，实际上就是研究公共产品的层次性问题，进而为分析不同特征的公共产品与各级政府职责和行为目标之间的内在联系，以及科学、合理地界定和划分各级政府间事权及支出范围提供必要的依据。

财政分权理论的影响及其作用也是一个例子。多年来，以财政分权为背景展开的研究相当多，如果以财政分权为主题词搜索的话，可以找到大量的相关文献。就财政分权理论而言，早期财政分权学说的内涵很朴素，也相对简单，指的主要是地方政府很必要也很重要，更好地赋予地方政府一定的事权与支出责任和税收权力，从而处理好财政体制中集中与分散之间的关系。科学的财政分权，对于充分调动各级政府的积极性、促进各类公共产品和服务的有效提供，具有积极的功效。与财政体制实践发展和财政理论研究的深入相伴随，财政分权理论也由传统的注重论证地方政府的必要性和有效性，发展为将经济学的研究进展应用于财政体制实践领域，在财政分权框架下引入激励机制设计理论，更加关注如何促进经济增长、防控腐败和保护生态环境等一系列具体问题，提高公共产品供给的效率。

目前来看，在财政理论指导财政实践方面还存在很多值得关注的问题，财政理论结合财政实践也有些不足。与此相类似，财政理论研究与财政实践及财政实际工作之间相互脱节的现象或问题也在不同程度上存在着，从某种程度上讲，财政实践正在倒逼着财政理论的发展。以前对于青年教师，曾经鼓励尽量到财政局、税务局等实际工作部门去实习、实践、锻炼，鼓励多了解实践、接触实践。但现在这方面的要求或鼓励措施少了，有的单位职称晋级有时要求有出国学习、进修的经历，发表学术论文的压力也很大。在座的各位基本上都是做研究、教学工作的，同行们之间应该是有同感的。实际上，财政实践仍然是很重要的，实践经验和经历，对于做好财政教学工作、有针对性地进行学术研究，具有不可替代的作用。

财政学理论的创新和发展，还需要从我们老祖宗的理财学说当中汲取养分。财政史学中的轻徭薄赋、量入为出、节用、均输平准策略等，有着丰富而深刻的内涵，值得我们细细品味并将其体现在现代财政理论体系当中，使之发扬光大。

专家研讨

ZHUANJIA YANTAO

马蔡琛

南开大学

从国家财政到公共财政，现在又到现代财政，这之间到底是什么逻辑关系？我们的财政学实际上是一个实践驱动的学科，现实需要什么就往前推什么，而自己学科本身的发展线索实际上是有被动色彩的。

非常高兴继泰安会议后，又一次有机会向各位老师学习。我汇报的题目是“中国财政学的高潮快要到来”。

来湖南开会是非常激动的。当年毛泽东同志和时任湖南省委书记的周世钊同志交谈，周世钊同志曾经写过一首诗，里面有两句：直登云麓三千丈，来看长沙百万家。毛主席贺了一首：“春风浩荡暂徘徊，又踏层峰望眼开。风起绿洲吹浪去，雨从青野上山来。尊前谈笑人依旧，域外鸡虫事可哀。莫叹韶华容易逝，卅年仍到赫曦台。”赫曦台离我们这里不远，在岳麓书院的门口。我想30年后，等中国财政学的高潮正风起云涌的时候，希望刘尚希院长再带大家“卅年仍到赫曦台”。

以下是我这些年发言一直加的一个小节目，历史上的今天。1934年12月1日，就是在我们这个地方附近，红军长征突破湘江。湘江战役以后，中国工农红军的战略路线逐渐开始调整。后来经过遵义会议，中国革命逐渐走向高潮。在这样的纪念时点上来讨论中国财政学的话题，也是非常有意义的。

顺着时间轴再往前回溯一点，毛泽东同志在井冈山时期曾经写过三篇文章，《中国红色政权为什么存在？》《井冈山的斗争》《星星之火，可以燎原》。我们今天就顺着毛主席的三篇文章作为分析框架来展开。

先说“中国的财政学为什么能够存在？”上午张馨老师的发言，

非常有启发性，从国家财政到公共财政现在又到现代财政，这之间到底是什么逻辑关系？我们的财政学实际上是一个实践驱动的学科，现实需要什么就往前推什么，而自己学科本身的发展线索实际上是有被动色彩的。

在座的很多是来自高校的老师。教育部在前些年进行了本科招生目录调整，经济学大类分了四类：经济学类、财政学类（含：税收学）、金融学类（含：保险学）、贸易经济类，这四大类中只有财政和金融这两个是带括号的。我曾经问过已故的南开大学经济学院老院长马君潞老师，为什么金融和财政带括号呢？他是搞金融问题的大专家。他说就拿金融来打个比方，就像金融学和保险学，一般搞金融的老师，保险也能讲，但涉及保险精算、海运保险等细节问题，就只有保险专业的才有话语权，我们一般研究金融的说不清。实际上，财政学和税收学也是这个情况。按照机构设置来说，有国家税务总局和财政部；按照一级学会来说，有中国税务学会和中国财政学会。财政学和金融学的纵深，在经济学中是比较大的，在招生门类中一个专业装不下，所以加一个括号又进来了一个专业。

既然来到了湖南，就说一下湖南的前辈，也是我们南开的前辈——何廉先生，他是湖南邵阳人。他从耶鲁大学学成归国，1926年来到南开大学，开创了南开的经济学，第一个学期他开设了四门课程：经济学、财政学、统计学、公司理财学。这四门课的设计非常有道理。首先选经济学，这个不用解释。研究经济得跟数字打交道，得会数据统计，这就要有统计学。剩下的一个是私人部门的理财（公司理财学），一个是公共部门的理财（财政学）。现在还要加上政治经济学，这是很重要的学科。一个经济管理类，学完这几门课程就可以了，剩下的基本上类似于“餐后甜点”。现在很多经管类专业不学财政学课程了。如果不了解政府理财的运作，想运营好一个商业行为，恐怕就会犯逃税罪让人抓进去，除非您有某影星那样的本事。

一个日本学者神野直彦写过一本财政学教材（《财政学——财政现象的实体化分析》，南京大学出版社2012年版），在序言里面说：“我也梦想自己某一天能让财政学重新获得它已经丧失的趣味性。现在出版了不少财政学教材，但大多味同嚼蜡。”他说的是资产阶级的财政学。我们的财政学读起来，一定是手不释卷、废寝忘食，读完以后精神抖擞，我们不存在这个问题。他还说，“财政学始终是经验科学，而不是逻辑学和数学那样的形式科学”。这些话值得深思，我们似乎把一个经验科学真的变成了一个形式科学。社会科学很重要的一点就是终究要回归社会。

再说“财政学的理论纷争”。我们都知道瓦格纳法则，我还看到过瓦格纳撰有十卷本的《财政学》，这十卷本出来得有多厚呀，可惜我不懂德文。百度上查询之后，找到了德文版的局部，第一卷已经到140多页了，十卷也得将近2000页。是否可以考虑将瓦格纳当年的十卷本翻译成中文来看，十卷本的《财政学》到底讲了些什么，我很想知道。好在近百年前，有位中国学者名叫童蒙正，写过一本《瓦格涅财政学提要》（黎明书局，1931年版），这是为数不多的系统地介绍瓦格纳财政学的书籍，可以“窥一斑而知全豹”。

瓦格纳代表了欧洲大陆的财政学传统。欧洲大陆财政学主要是国家经营学、宫廷理财学，港台学者叫财务行政论。几年前，我在美国访学的时候，隔壁有个华人邻居是搞教育学的，聊天时问我学什么专业？我说学的是Public Finance。邻居说你这个专业不错，“公共金融”。就修辞学的本意来看，他说的倒也没错，Public Finance既不是财政，也不是公共财政，而是公共金融。为了验证这一点，我专门查看了一下中国人民大学财政金融学院的英文主页，财政金融学院的英文就是School of Finance，而不是School of Public Finance and Finance，那就变成绕口令了。我觉得财政学的学科基础还是公共部门的理财，本质上就是以财行政。

最后讲“星星之火，可以燎原”。这是我基于教学的一些反思。财政学在高等教育体系中有综合性大学与财经类大学之分，财经类大学的财政学现在已经有一半左右完成转型，现在保留财税学院、财政与税务学院这种建制的，不少是一些原来的财政部属院校。很多地方财经院校纷纷向公共管理学靠拢，改为财政与公共管理学院、财税与公共管理学院，他们把MPA引入，基本解决了学科的生存问题。关于综合性大学的财政学，我经常说有三个世界理论，第一世界是中国人民大学和厦门大学，类似于武侠世界中的少林和武当；第二世界是山东大学和武汉大学，这两个综合性大学的财政学科近年来有了相对较大的提升。剩下的一些综合性重点大学的财政学，基本上属于超级大国中的“第三世界”。前两年，《经济观察报》的记者杜涛写了一篇文章《重塑中国财政学》(发表时的名字是《高校财政学学科去留引发争议》)。这个想法是2018年初的时候，有一次我在上海讲学，晚上杜涛来找我，我最早和他聊起这个变化趋势的。后面他专门写了这篇采访稿，当时为了免得引起不必要的争执，我用的化名叫“蔡方”。这个话题到今天也没有得到根本性解决。近几年，高校大类招生以后，综合性大学的财政学开始走向艰难的岁月，因为以前这个专业通过高考录取可以直接招进来，现在是经济管理大类招进来，有些同学一分专业就不愿意来我们这里了。实际上我们的财政学人才培养在“去财政化”，很多高校不是金融化，就是会计化。这个现象值得思考。

最后，再次呼吁财政学要建立独特的术语体系。金融学之所以搞得轰轰烈烈，不只是有钱，最重要的是他们建立了一套谁也弄不明白的术语。经济学弄了一个基尼系数的名词，用来衡量收入分配的公平程度。那天坐出租车，司机跟我聊天，问我是做什么工作的，我说是教书的，教经济学相关专业。他问了我一个问题，“您说电匣子里面总讲的那个比基尼系数是怎么回事呢？”我后来专门查了一下，还真有个比基尼系数（是研究性别平等问题的一个指数）。我们到底是研究基尼系数还是研究比基尼系数，看来也要再思考。通过这种比较玄乎的术语体系，构建了学科的技术门槛，外行不知道什么叫基尼系数，就不敢瞎说。但是，财政学的学科术语则过于朴实了。譬如，“增值税”这个词，你找保洁工问问什么叫增值税，估计他也能猜出来是根据增加值征税的意思。什么叫所得税？就是根据所得征税。能不能搞点高大上的别人不懂的名词，建立起我们的学科术语体系？困难在于，我们要向纳税人收税，我们说的纳税人听不懂怎么缴税？我们承担的是公共受托责任，我们需要向纳税人解释这个钱是怎么花的，如果说得云山雾罩，纳税人能答应吗？这是财政学作为一个为民理财、为国理财的高尚学科所导致的困难。

下面说说财政学的源流与未来。其实，财政学的学科源流至少涉及六个学科：经济学、政治学、公共管理学、社会学、管理学、会计学。1948年《国家税收杂志》（National Tax Journal）上的一篇文章“Why Public Finance？”，作者是Gerhard Colm，文章中有这样一个图（见图1）。

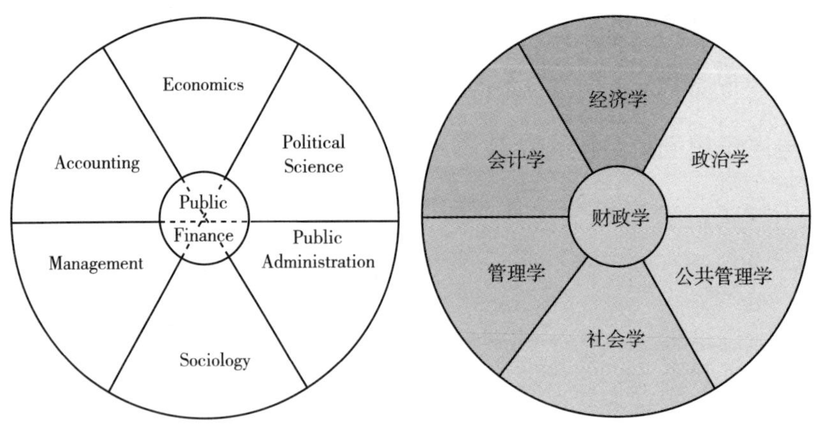

大家注意，到里面的小圆圈中就是虚线了。财政学实际是有主语序列和定语序列的。某某财政学，它的主语是财政学；财政社会学、财政政治学，还是人家政治学、社会学的事。财政学要区分自己的主语系列和定语系列，不管哪个学科进入这个小圈就是虚线了，这就是主语序列。这篇文章的标题也很有意思，不是说“什么是财政？”或者“什么是公共财政？”而是“为什么是财政？”这实际上是个反问句。为什么是它呢？因为财政是国家治理的基础和重要支柱。这也是值得我们思考的。循着图中的学科构造，将这些学科融入财政学以后变成财政学自己的学科体系，而不是财政政治学、财政社会学、财政管理学，那还是其他的学科，我们要变成某某财政学。经济学的特点，行为经济学、宏观经济学、计量经济学，进来的全是定语，经济学一定是主语，这是经济学“帝国主义”的基

本构造原理。

该说说结束语了，也就是我发言的题目——“中国财政学的高潮快要到来”。借用毛泽东同志在《星星之火，可以燎原》中的文字，来结束我的发言：“所谓革命高潮快要到来的‘快要’二字做何解释，这点是许多同志的共同的问题。马克思主义者不是算命先生，未来的发展和变化，只应该也只能说出一个大的方向，不应该也不可能机械的规定时日，但我所说的中国革命高潮快要到来，绝不是如某些人所谓‘有到来之可能’那样完全没有行动意义、可望而不可即的一种空的东西。它是站在海岸遥望海中已经看得见桅杆尖头了的一只航船，它是立于高山之巅峰远看东方已见光芒四射喷薄欲出的一轮朝日，它是躁动于母腹中的快要成熟的一个婴儿。”

我相信，我们所有的讨论应该就是胎儿快要成熟之前的躁动。最后，祝福中国财政学的未来！

陈志勇
中南财经政法大学

实际上，财政活动及财政学涵盖经济、政治、社会等诸多方面，理论上，除了经济学外，应综合政治学、社会学、法学、管理学等的内容，形成财政学独特的理论支撑，使财政学建立在更加宽广厚实的基础上。

关于财政基础理论研究，近些年有些式微，而自中国财政学会组织了一系列讨论以来，又有了兴盛的迹象，经过几次交流研讨，我们对财政基本理论问题的认识有了新的推进。关于财政学应归属于经济学，还是应该跳出经济学来看财政，以及如何构建有中国特色的财政学问题，这两年受到了较多的关注，这涉及财政学的学理基础，即财政学的理论支撑，以及财政学的发展方向问题。对此，谈几点看法。

一、关于人文社科一般理论的构建

西方人文社科的理论传统，可以追溯到古希腊时代，即它的哲学、政治学、文学艺术等的形成阶段。按希腊传统，对哲学（含一般的人文科学）问题的探讨虽不能说与现实政治毫无关系，但两者之间的界分是较为明确的，所谓哲学与政治、理性与现实之间存在着一种“内在张力”。柏拉图的《理想国》是被西方学者列为最有价值的人文社科著作之一，大多西方学者认为它是哲学、政治学、教育学、伦理学等的源头或创世之作。《理想国》的构想有很多完全是“柏拉图”式或“纯思辨”式的，比如关于正义的理念、理想的城邦政治、“哲学王”的培养，等等。实际上，现实生活和他那“运用理性的论断”完全是两码事，现实政治依然要靠力量、讲霸道，即实力说了算；而哲学是讲理性、德行的，具有很强的“思辨性”。帕拉图的学生亚里士多德试图拉近哲学与现实政治之间的距离，缓解两者之间的紧张，专门写就了一本《政治学》，实际上也没有实现其意图。可以说，这种传统在某种程度上一直延续到现在，“上帝的归上帝，凯撒的归凯撒”，以此来定位所谓的理想与现实。中国的研究传统强调为学的“经世致用”，孔子把伦理学与政治学融为一体，并试图将之与政治实践相结合。尽管中国的封建时代有两千多年的尊儒传统，其对世俗生活的影响确实也很大，但在政治上，统治者并没有真正把儒家的那一套学说落到实处，所谓“外儒内法”即为真实的写照，儒家的“伦理政治学”实际上只起到了装饰的作用。

理论体系的构建毕竟是对现实世界在认知上的抽象以及逻辑化、系统化，这个过程也即思想的形成、构建或建构的过程。无论如何，这种构建一定会带有构建者自身的色彩，要满足构建者自身所谓的“合意性”，包括逻辑的自洽性。所谓“合意性”，与我们通常所讲的“立场”“价值观”这类东西是相通的。从马克思、列宁到毛泽东关于经济问题的学说，从亚当·斯密到凯恩斯、哈耶克的经济分析，都立足于不同的哲学观，即对世界的看法。譬如对经济学中“公平”一词，立足于不同的价值观，就有不同的理解。一般而言，公平可解读为“各得其所”，但何为“各得其所”？哈耶克讲的是自然状态下的公平，诺齐克强调的是矫正的公平，罗尔斯突出的是“最大最小”的公平，等等，不一而足。可见，在不同价值观的背景下，对公平完全可以有不同的理解。这也就说明，在人文社科的理论体系构建中，以何种意识形态为基础进行讨论是非常重要的。至于是不是能够“经世致用”，按西方的传统则不必过分看重，用也如此，不用也如此，或者说，认可也好，不认可也好，“它都在那里”。中国春秋战国时代的“百家争鸣”，实际上也是这种状态。

二、关于财政基础理论的构建

财政理论构建同样要受价值观的影响。西方主流财政学具有浓厚的所谓“洛克传统”，洛克在《政府论》等著作中所倡导的自然主义、自由主义、个人主义价值观，契约论政府观，以及有关政府功能的价值判断等，奠定了西方财政理论的基础和逻辑分析的出发点。所以，看待西方财政学及其不同流派，必须注意这些学说的意识形态基础。对于分析研究的方法论，一些专家在研讨中提到了所谓的“牛顿方法”。牛顿方法强调确定性，强调在一定环境条件下因果关系的必然性，我们在经济研究中所运用的各种实证方法，包括统计分析、数理模型分析等，都没有跳出牛顿方法的框架，它是当前经济研究包括财政研究采用的主流分析方法。至于这类研究方法是否可行，是否仍具科学性，我们不作讨论（也许值得用现代科学的新发现和新方法进行深入探讨），但应该承认的是，对于西方财政学理论，抛开其价值观基础或分析前提不论，至少从形式逻辑看，还算是比较成熟的。譬如，它有一套较为定型的概念体系，包括公共产品、外部性、市场失灵，等等，这套概念体系的接受和应用范围还是比较广的；有较为严谨的逻辑分析，以效率和公平作为分析判断的基本标准和落脚点，这也是获得较普遍认可的。因此，试图解构或者推翻这套理论，并构建新的财政学理论加以取代，需要特别小心。

为什么要推翻或舍弃一种理论？在我看来，主要的原因有两个：一是这种理论立足于我们所不认同的价值观；二是该理论缺乏对现实的解释力，从而也没有预测力和指导力。譬如，可以这样认为，西方财政学的个人本位基础是不可接受的，其方法论上的牛顿方法是有偏误的，其概念体系及分析的落脚点也存在许多偏颇，等等，所以，应创建和发展一种更加科学的财政新理论。

新的财政学理论，尤其是财政学的基础理论，应该如何建构？我认为，首先需要解决财政学的研究对象和目标问题。财政学究竟是研究什么的？这个问题至今并没有得到很好的解决。国家分配论似乎已难以说明市场经济条件下的财政运行，而西方的公共需要或公共产品论又似乎在价值观和方法论上存在着这样那样的问题，尤其是对中国财政及经济政治缺乏足够的解释力。出路何在？刘尚希同志提出了公共风险论，并形成了明确的分析思路。应该说，公共风险论是非常值得肯定的一种立论，完全可能形成其逻辑自洽性，但要解决的具体问题还很多，其基本矛盾是：风险问题基于动态分析判断，强调不确定性和未雨绸缪，而现实生活又需要确定的、相对稳定和可预期的状态，如何体现当前与未来、确定性与不确定性之间的统一？

财政学要解决什么问题？落脚点在哪里？对此，西方财政学包括经济学是很明确的，即达到效率与公平的统一。当然，可以有不同的效率观和公平观，尤其是对公平可以有基于不同价值判断的理解。但是，脱离了效率与公平，还存在其他更有解释力和说服力的分析落脚点吗？如果不能提出新的更好的标准，公共风险论就要搭建与效率公平分析目标相一致的逻辑框架，同时，构建相应的概念体系和话语体系。

财政学的基础理论，或理论支撑应该如何定位？一般认为财政学属于经济学，现行学科分类就把财政学作为应用经济学的二级学科，相应地财政学的基础理论就应以经济学为主干。这种看法我认为是狭隘的，十分不利于财政学科的建设和发展。我同意刘尚希同志的观点，要跳出经济学来看财政，财政学是多学科交叉而又相对独立的科学，因此，要重新思考财政学的基础理论问题。实际上，财政活动及财政学涵盖经济、政治、社会等诸多方面，理论上，除了经济学外，应综合政治学、社会学、法学、管理学等的内容，形成财政学独特的理论支撑，使财政学建立在更加宽广厚实的基础上。

通常说经济决定财政，这当然是对的，但要认识到，尽管这种“决定”是基本的方面，也只是一面而已。跳出经济看财政，就不仅仅是经济决定财政了，政治也决定财政。党的十八届三中全会提出，财政是国家治理的基础和重要支柱，这说明了财政地位的重要性和财政改革的紧迫性，也表明财政问题不仅仅是经济问题。而从财政的基本原理看，国家的性质和治理模式也决定财政，这个问题在现有的财政理论中并没有讲清讲透。实际上，从历史的视角看财政，可以梳理出较为清晰的脉络。在历史变迁中存在着所谓的“财政密码”，这个“密码”是如何形成的？与国家的性质、治理模式及其效能又有什么关系？从古今中外各种王朝更迭乃至革命的案例中，我们可以看到因财政动员、汲取、保障能力的欠缺而导致旧王朝或旧制度的崩溃，实际上，其背后是国家的治理问题，是旧国家和旧制度的失败。例如，有明一朝为什么最终会被没有多少人的满清推翻？在经济实力较强、人口规模较大的情况下，其财政动员能力为什么那么孱弱？其中就有深刻的国家治理原因。

政治与国家治理模式如何决定财政？既有理论问题，也有具体的制度设计问题，需要财政学加以分析探讨。现在，财政问题不仅是我们财政学人在研究，其他学科也在研究，如政治学、法学、社会学等，甚至在有些领域我们还没有其他学科研究所应用的方法和形成的视野那么丰富，这也充分说明了财政问题的跨学科性及财政学建设的相对滞后性。

三、关于财政一般和财政特殊的问题

财政基础理论应该有一般的解释力，即能够说明不同形态、不同发展阶段国家财政活动的基本规律。与此同时，也应有能力解释财政特殊的问题，即不同性质、不同发展阶段的国家，其财政运行的特定规律。我们说要建立有中国特色的社会主义财政体系，其“特”在何处？这种特又如何具体体现在财政学的内容上？

我认为，有中国特色的财政体系，是由有中国特色的政治经济社会制度决定的，至少涉及三个重要领域：第一是政治领域。中国在政治领域的特色是共产党领导的多党合作制度、人民代表大会制度、政治协商制度等，这是我们的基本政治制度。现在西方公共选择理论大行其道，其实这套理论对中国政治运行及财政运行机制的解释力是十分有限的，因为它立足于西方的党派政治和个人主义价值观，脱离了中国的基本国情。如何构建适合中国基本政治制度框架、能够说明社会偏好形成机制、公共决策机制等政治过程的公共选择理论？这具有相当的挑战性，也非常重要，因为预算、税收、政府间财政关系等基本财政制度的建立和调整需要有这类理论来说明和指导。第二是经济领域。中国基本经济制度最突出的特点是公有制经济的重要地位，虽然为了促进市场经济健康发展，要在市场平台上把国有经济与其他经济形式和经营方式放在同等位置，作同等对待，强调所谓“竞争中性”，而在财政学领域，似乎以公共品和私人品的概念及其分析为基础，就能够把政府与市场的关系说清楚，实际上并非如此简单。国有经济在市场经济中的定位，政府及其财政扶持国有经济发展的方式，国有产权保值、增值、收益与财政分配的关系，等等，需要有一套理论将其梳理清楚，否则财政学就是不完整的。第三是社会领域。以人民中心，满足人民对美好生活的追求，这既是中国的制度特色，也是制度优势。这一特色如何体现在财政领域？目前，“民生财政”已成为中国财政学的常用语，实际上，随着经济社会的发展，公共财力会越来越多的运用到社会领域，人民的幸福感，将会在越来越大的程度上取决于优质的公共服务供给，因此，将有关的问题加以系统化、理论化，是财政学建设的重要任务。

有中国特色的财政学，应该能够回应中国财政发展改革中的重大问题。党的十八届三中全会提出了建设现代财政制度的要求，这不仅是实践问题，同时也是理论问题，财政学人应当回答什么是中国的现代财政制度，如何推进中国现代财政制度建设。财政改革已经经历了40年，这为财政理论创新奠定了坚实的实践基础，相信经过财政学人的共同努力，财政理论创新会不断向前推进！

专家研讨

ZHUANJIA YANTAO

刘志广

中共上海市委党校（上海行政学院）

我认为，在这个过程中，熊彼特在 1918 年发表的《税收国家的危机》这篇财政社会学经典文献所努力阐明和捍卫的“税收国家（tax state）”这个概念，可以为推进财政学基础理论创新提供重要的思想基础，它既能够承载我们关于经济哲学和政治哲学的辨析，也能够承载我们关于市场化、民主化的诸多诉求。

我是上海市委党校（上海行政学院）经济学教研部的刘志广，这些年来主要从事财政社会学研究，关注的是政府财政行为对国家兴衰的影响。这两年来通过参加财政学会及其专业委员会组织的多次学术会议，向许多老师学习了很多。

在2018年的泰安会议上，我主要交流了自己关于财政学不同研究传统的看法，并主张基于国家治理的财政学基础理论创新应属于财政学研究的交换范式传统，而财政社会学可以为此提供重要的思想资源。在2018年发言的最后，我曾提到，我们在研究财政学的理论构建，或者我们在用财政学理论分析问题的时候，要注意或讨论它背后的经济哲学和政治哲学，因为在不同的经济哲学和政治哲学下，财政学的样式是不一样的。今天想借此机会简要地阐明我在这方面的粗浅思考。特别是今天听了很多老师的发言，都涉及怎样理解和正确处理政府和市场之间的关系，其深层所包含的问题也就是经济哲学和政治哲学问题，综合起来就是对结构化共同生活的基本原则的理解和主张。

结构化共同生活既是人作为社会的人所必须面对的，也是一切社会科学所试图研究的内容。结构化共同生活的实质就是人与人之间的合作，主要是要解决好三大问题：一是合作中人的动机问题，二是合作中人的知识问题，三是合作中人的权力问题。动机问题是一个人性问题，对人性的理解是经济哲学和政治哲学的重要基础，休谟在其《人性论》中曾说过，“任何重要问题的解决关键，无不包括在关于人的科学中间”。现在我们很多人在谈财政学基础理论创新，可是却很少有人讨论人性问题。由于财政学在国内是作为应用经济学的二级学科，所以我们也很自然地接受了主流经济学中的经济人假设，似乎这种经济人假设能够完全满足财政学基础理论创新的需要。古典政治经济学的“经济人”假设主要包括三个基本命题：一是人是自利的，追求自身利益是人们采取经济行动的根本动机；二是人是理性的，他会依据最有利于自己的行动行事；三是在良好的法律和制度保证下，“经济人”的自利行动会在“看不见的手”作用下自动地增进社会利益。其中，第三个命题被称为是古典政治经济学“经济人”假设的核心命题或“经济人”的“灵魂”。所以那些将斯密经济学理解为自由放任经济学是不对的，斯密高度重视良好的法律和制度，他还用“政治修明”一词来表述它。但在我们现在所学习的主流经济学中，这个“灵魂”是游离在理论之外的，因为在大家熟悉的新古典经济学和凯恩斯主义宏观经济学等主流经济学中，历史和制度是不重要的，霍奇逊在《经济学是如何忘记历史的》这本书中梳理了经济学思想的这一演变过程，而新制度经济学的发展也是希望能够对此缺陷有所弥补。我们研究国家治理视角下的财政学基础理论创新，恰恰就是要将让良好的法律与制度摆在理论的中心位置，这就要求我们重新探讨人性问题或促使经济人假设的“灵魂”回归，这是我们发展交换范式经济学和交换范式财政学的基本要求。

在我过去的研究中，我主张将斯密和休谟关于人性的部分理解结合起来。斯密讲交换的倾向是人所固有的，而休谟讲人性是有弱点的，即“人性中使我们的行为发生最致命的错误的性质，就是……各人都在找寻借口，要想使自己省却麻烦和开支，而把全部负担加在他人身上。”休谟所说的人性弱点在巴斯夏那里被称为是人的掠夺倾向，和交换倾向一样为人所固有。在现实中，人的行动主要就是受这两种倾向驱使的，它们内在地统一于同一个人身上。选择交换还是选择掠夺都符合古典政治学“经济人”假设的第一、第二命题，但人性具体表现出交换倾向还是掠夺倾向，却取决于法律与制度环境，这就让古典政治学“经济人”假设的第三命题具有了实质意义。有一本书叫《国家为什么会失败》，这本书里面做了两类制度的划分，一种是包容性制度，另一种是攫取性制度，作者认为一国采取的是包容性制度还是攫取性制度决定了其成败。这两种制度与人性的两种倾向之间具有对应关系，将人性理解为交换倾向和掠夺倾向的结合并以此作为我们思考和分析问题的出发点，这样的财政理论应该对历史和现实都具有很好的理解力和解释力，当然，这也为我们判断和设计良好的财政制度提供了一个规范性的判断标准，即应该激励人性中的交换倾向而非激励掠夺倾向。

知识问题可以和我们所说的信息问题等同起来。过去经济学里讲完全信息，后来讲不完全信息，这是一个分类的维度，但不能停留于此，还必须进一步挖掘其背后潜在的假设。过去我们的处理主要是从成本角度来谈的，认为是交易成本的存在导致信息不完全。这当然也没有大的问题，但交易成本现在成了一个筐，什么都可以往里面装，实际上并没有提供实质性的理解力，相反还可能带来误导。比如，前两年大家讨论大数据时代计划经济是否可行，认为可行的主要论据就是说大数据降低了信息收集成本。我们要说的是，成本问题并不是知识或信息问题的核心，其一阶问题是所有信息是否是可以集中收集和集中传递的。哈耶克1945年在《美国经济评论》上发表了《知识在社会中的利用》所提供的一个非常重要的洞见就是知识是分散存在的，并且有很多知识还是转瞬即逝的，根本就不存在集中收集与集中传递的可能。我们对此还可以做一个重要补充，这些知识不是固定不变的，而是不断地被生产出来并且不断地被传播开来，这是一个完全动态的过程。至于权力问题，本身就存在一个不对称的问题，如果与动机问题和知识问题结合起来，权力是既可以成就好事，也可以做出坏事，这是政治哲学中要讨论的一个基础性问题。

经济哲学主要涉及市场化问题，政治哲学主要涉及民主化的问题，这两大问题与18世纪以后整个人类社会的巨大转型相关。按照梅因的说法是从身份社会向契约社会的转型，而托克维尔的说法，是从贵族特权社会向平民社会的转型。市场化问题和民主化问题是契约社会或平民社会要解决的根本性问题，这是人类共同生活的结构化的新主题、新要求和新形式。但是这么多年以来，我们可以看到，市场化和民主化本身没有取得一种稳定的、可持续的形式，它也不断地在进行变更，特朗普当选也好，英国脱欧也好，发展中国家的国内政权变动也好，都在为此进行注脚。我们特别要看到，民主化和市场化都是随着全球化发展起来的，而全球化的进一步发展又给民主化和市场化带来新的挑战。

当我们讨论国家治理视角下的财政学基础理论创新时，我们必须回到财政学作为跨学科的传统上来，而这要以所涉及的其他学科的知识为基础。但我们很快就会发现新的问题，一是各个学科内部都涉及不同的研究传统，都存在对学科基础性问题的争议；二是一个学科往往或明确或隐含地将自己的知识发展建立在对其他学科知识的理解之上，而且通常都认为其他学科知识体系内部好像是完全统一的。这就意味着很多研究实际上是存在深层的逻辑冲突的，或者说其学说主张或政策主张与其所依据或所信奉的市场化的经济哲学和民主化的政治哲学等往往并不一致。维克塞尔早在19世纪末就发现了财政学的这一问题，他在《正义税收的新原则》一文中曾指出，“除了非常少数的例外，他们的财政学理论基础几乎全部都是已过时的绝对主义政治哲学。财政学似乎还保留着在萌芽期（17世纪和18世纪）作出的假设，在当时绝对主义权力几乎统治着整个欧洲”。维克塞尔所批评的问题现在仍以仁慈专制者假设体现在很多学科的知识中。所以，财政学基础理论创新不是说把其他学科的现成知识简单地拿过来进行组装就可以了，必须以市场化经济哲学和民主化政治哲学为基础展开深层辨析，以保证其内在逻辑的一致性。

我认为，在这个过程中，熊彼特在1918年发表的《税收国家的危机》这篇财政社会学经典文献所努力阐明和捍卫的“税收国家（tax state）”这个概念，可以为推进财政学基础理论创新提供重要的思想基础，它既能够承载我们关于经济哲学和政治哲学的辨析，也能够承载我们关于市场化、民主化的诸多诉求。“税收国家”这个概念的内涵和意义值得我们进一步挖掘。与财政社会学的另一位创始人葛德雪认为税收国家是贫穷国家不同，熊彼特认为税收国家的产生是因为领地国家变穷而产生的。他在文章中没有明确提出但我们可以归纳出的是，其“税收国家”是一个“三位一体”概念，即税收型财政制度、自由竞争经济和现代国家。正是这种“三位一体”使熊彼特有可能拯救被葛德雪所“抛弃”的“税收国家”，并与我们希望在财政学基础理论创新中讨论财政、市场和国家的关系形成了很好的思想匹配。现在一些源于财政社会学思想的研究，认为税收国家过时了，如欧洲新财政史学，主张财政国家是税收国家之后新的国家形式。现在“财政国家”这个概念在我们国内财政史研究领域被很多人使用，但说税收国家过时主要是源于葛德雪的思想而不是熊彼特的思想。事实上，“财政国家”这个概念只是说国家不再仅仅依靠税收还可以靠举债来完成收支，但它只是一个描述性概念，举债只是税收国家的一个侧面，而不是它的替代。恰恰相反，正是“税收国家”既为现代国家大规模举债提供了基础，也为其大规模举债提供了限制，前者指向税收国家的实践，后果者指向税收国家原则。正如一个研究者所指出的，维持一个具有自生能力的税收国家是文明社会的最好希望。债务国家、预算国家等概念也是如此，它们所试图描述的事实都只是税收国家的一个侧面，将税收国家看作是一个过时的国家形式，带来了很多的思想混乱，其根源也在于对财政国家、债务国家、预算国家等概念背后的经济哲学和政治哲学缺乏必要的深入辨析。

熊彼特认为一个社会的条件不是纯粹的，它包含有过去的残余和未来的种子，《税收国家的危机》一文是将税收国家作为未来的种子来阐明和捍卫的，它甚至只是一种理念，并没有在现实中完全实现。从实践的角度来说，由于人性中掠夺倾向的存在，政党政治、利益集团政治、大众民主和大公司权力等，都会对税收国家的基础造成冲击，从而破坏税收国家原则在实践中的稳定性。税收国家体现的是包容性制度，激励的是人性中的交换倾向，而依靠过度举债支撑的福利国家则体现了攫取性，激励的是人性中的掠夺倾向，正如《福利国家之后》一书所一针见血指出的，福利国家所建立的激励机制导致公民们相互对立，并促进一个相互掠夺而非相互团结的体制。人性中的掠夺倾向不可消除，所以要维持税收国家原则，必须回到布坎南所重视的财政立宪和货币立宪之上，但人性的弱点也决定了财政立宪和货币立宪不是一劳永逸的，美国金融危机和欧洲主权债务危机的深层根源都在于财政立宪和货币立宪的失败。因此，对体现了民主化和市场化要求的税收国家建设和捍卫来说，财政立宪和货币立宪是一个持续的过程，而全球化的发展对基于主权国家实践的财政立宪和货币立宪来说更是提出了很多亟须探究与解决的问题。

从我个人的理解来说，我们在研究财政学基础理论创新的时候，要有问题意识，但这种问题并不是现实生活中的具体问题，而是理论上的基础性问题，对这些基础性问题的思考构成了我们的心智模式，也是我在去年的泰安会议上所特别谈到的奥尔森的公共型人力资本这个概念。我们教学生也好、做研究或发表文章也好，更多的不是基于直接给政府提供解决方案的视角，而是要给社会大众和政府等参与国家治理的主体提供一种合理的心智模式或进行公共型人力资本塑造，从而使他们在实践中做出更合理的判断和选择。我想这是我们从事财政研究这项工作非常重要的使命。

专家研讨

ZHUANJIA YANTAO

刘长庚

湖南财政经济学院

各个学科的地位、影响除了科学研究、前瞻性的理论创新等内容之外，更重要的是各个学科培养人才的多少、能力的大小。

今天讨论的主题是学科建设，我想谈一个观点，关于人才培养在学科建设中的重要作用。

昨天下午大家谈了各个学科在全国的地位和影响，各个学科的地位、影响除了科学研究、前瞻性的理论创新等内容之外，更重要的是各个学科培养人才的多少、能力的大小。有些是客观存在的，任何一个学院招生都比财政学科招人要多，不管是博士、硕士，还是本科生。在湖南财政经济学院，金融专业每年招5个以上的班，财政专业我校在全国招的算最多的，财政3个班，税务2个班，总共5个班。一个学科人才培养能力越强，这个学科在全国的地位和影响就越大。我以前在湘潭大学工作，湘潭大学数学学科培养人才的能力非常强，多的时候，中科院四个数学所长都是湘潭大学毕业的，包括很多理事长都是湘潭大学的毕业生，人才培养能力这么强，学科在全国的地位也不会差到哪里，湘潭大学的数学学科在全国也是重点学科。财政学科也是如此，要发展，一方面强调原创性的科研，强调基础研究；另一方面通过财科院平台形成全国网络，把人才培养能力进一步提高，扩大在全国的影响。

一、学科与专业的关系

厦门大学以学科带动专业，教师就有五六十位，学科强，专业就强，本科人才培养能力自然也很强大。但也存在问题，培养人才最多的、最基础的是本科人才，但相对来说，重点大学、高水平的大学本科招的人不一定多，人才培养主要是博士和硕士。本科人才招的比较多的类似于湖南财政经济学院这样的学校，财政类的专业每年招5个班, 200个人左右。而我们这样的学校又有一个问题，本身没有博士点，甚至有的还没有硕士点，但是本科人才又招得很多，怎么处理好专业和学科的关系？在我们这个层次的学校，核心是通过专业建设，带动学科建设，努力把财政专业、税务专业办好，财政学科就可以办起来。当然办专业，就需要方方面面的努力，包括在座各位的关心和支持。

对于财经院校来说，搞好学科建设，努力提高人才培养的专业化、多样化。我们学校的定位是财政特色鲜明、应用型的学校，强调财政特色鲜明，走专业化的道路。财经类的专业，财政、税务、金融、会计、企业管理都是联系非常紧密的专业。我们学校34个本科专业，都是与财政、会计、经管类联系紧密的专业。虽然我们学校也办了体育学院，但不是办的竞技体育，而是体育产业管理，体育经济与管理。文化与旅游方面的学院，办的专业也是文化产业管理、旅游管理相关的专业发展。这些专业都是属于财经类特色的专业发展。

要把财经类所有的专业办好，就需要发挥学校长期以来所形成的特色和优势，因为我们学校发展到现在，特色就两个，财政学和会计学。现在办的所有专业不管是哪个专业，数学课开的比较多，英语、日语、商务英语专业等，所有专业都开了财政学、会计学，反映出是我们学校是财经类的学校。开办的计算机专业，比不过湖南大学、国防科大，但都是与财经类联系非常紧密的专业，例如财政大数据分析，这是我们的特色和优势。

二、努力提高人才多样化水平

一个专业有很多种办学的模式，最典型的是会计专业，既有正常的会计班，同时也有MPACC班、注册会计师班、合作办学的会计师班、与企业合作的会计师班，还有会计的实验班，共有了六七种模式。财政专业主要是两种模式，财政的普通班和财政创新实验班，这个实验班学分185个，数学课与金融、数学一起开展，最主要的课程是数学分析，开了11个学科班，数学类的很多课程在创新实验班都开了。创新实验班如果再加20个学分，就可以拿数学的第二学士学位了。办的财政学院的创新班，基础就不一样。

总体发展趋势，大学确实要提高人才培养的多样化水平，与读大学的比例有关系。我们读大学的时候是精英教育阶段，和现在的人才培养模式不一样，大学的录取率为15%—50%。到了大众化的阶段，强调大学的质量、内涵式的发展，高考入学率已经超过了50%，也就是说，每一年的同龄人口为1600万人左右，每一年读大学的超过800万人，向900万人发展。高考录取比例大于50%，大学进入普及化阶段，要实现人才培养的多样化，就我们学校来说，不管是会计还是财政，通过各种模式培养学生，使学校人才培养多元化水平进一步提高。

三、强调人才培养的专业基础与国际化程度的提高

专业基础方面，所有专业都开设财政学、会计学，不只是这两门课程，所有的经管类专业和相关的专业，学校统筹18门课。我有一个观点，财经院校培养的人才不能走职业化的道路，包括北大、人大，如果课程开得越细，越不利于本科人才的培养。如果一个学院的课程全部由这个学院来承担，办学就小而全，财经类院校需要分工协作，由不同的学院承担不同专业基础课，加起来使专业基础不一样。18门专业基础课由不同的学院来承担，承担课程最多的是经济学院，承担微观经济学、宏观经济学、政治经济学等课程，财政金融学院是财政学和金融学，会计学院是会计学和财务管理，工商管理学院是管理学原理和市场营销课程。相关的学院都有一门课，在全校都是居于专业基础的地位。为什么要强调专业基础？刘尚希院长一直强调世界发展的不确定性，不确定性越多，变化越快，要

适应变化，要通过专业基础课打牢专业基础，专业基础越牢固，越能适应变化，越能适应不确定性的变化。我们学校目前也是这么做的，强调专业基础课，并且18门课通过分工协作，对人才培养的质量会大大提高。

同时也要培养人才国际化的水平，除了必要的英语课以外，最主要的是两个举措：一是开办了假期班，有30个学分，其中有10个学分是全英文上课，微观经济学、宏观经济学、计量经济学、财政管理和财政学，请国外的教授来上课。另外10门前沿的课程，也是10个学分，面向学生职业通道，税务征管管理、商业银行管理、证券投资等。暑假中开25门课，30个学分要求实验班学生必须选10个学分，其他班的学生要选4个学分，同时也是面向湖南省所有高校开放，包括长沙的高校，湖大、中南、商学院，所有学生都可以来选我们的课程，尤其是前沿和英文课程面向全省开放。二是提高教师国际化的水平，每年输送20多名教师到国外去学习，同时也鼓励老师积极申报出国的项目，每年有30多名老师出国交流，师资队伍大不一样。通过专业基础课的改革和暑期班的改革，提高人才培养国际化水平。

总之，通过学科建设加大人才培养的建设力度，人才培养尤其要重视本科人才的培养，同时也请大家支持我们没有博士点的学校的本科人才的培养。

倪志良
南开大学

没有“安心立命”之道的支撑，求“术”之路难以走远，求“术”之路容易导致“人的异化”。当今时代，“道术同修、理技相滋”是一种难以达到的理想状态，但我们不应该放弃理想，我们不应该背离理想太远，我们不应该忘记教育的“初心”——君子不“器”。

这次研讨会，能够大密度地听到这样一些或激昂、或平和的“真”思考，是一件很奢侈、很难得的事情。岳麓山下“真”思多。

刚才刘尚希院长说过，学科建设、专业建设、人才培养是紧密相关的。因为我在高校工作，所以我选择的这个题目与人才培养关系更为密切一些。题目是：学生“三力”培养。

“三力”指的是：认知能力、行动担当能力、情绪管理能力。

此前，在教育部财政学类专业教学指导委员会会议上，多位委员多次强调完善专业培养目标的重要性，培养有思考、有担当、有情怀的财税“真”人的重要性。2018年，南开大学结合教指委要求修改了财政专业本科、研究生的培养方案，汇总一点就是：培养富有认知力、行动力和情绪管理力的财税“真”人。

这两天在岳麓山下开会，特意多看了一些有关岳麓书院的文献史料。一个山间书院，如何培养出如此之多有思想、有担当的“真”人？诸如曾国藩、左宗棠、王夫之、彭浚、杨昌济……余秋雨对此曾评价说：“你看整整一个清代，那些需要费脑子的事情，不就被这个山间庭院吞吐得差不多？”现在一个学校培养几千人、几万人，能培养出多少思想能够流传百年的名士？钱学森也曾经有过类似的质问：现在学生学得很累，家长付出很多，老师也累得够呛，但怎么培养不出思想能够经过百年检验的大家和“真”人？

中国传统文化倡导：“为天地立心，为生民立命”。但任何一个时代，通过教育，得就业谋职之术者众，得安心立命之道者寡。就整个生命期考量，一个人若仅有就业谋职之术，而失安心立命之道，这颗心，就很难获得持续的意义感、价值感、丰盈感、一致感；这颗心，在激烈竞争和广泛比较的大背景下，难免时常会陷入焦虑、担忧和不安！在安心立命面前，就业谋职不应该成为大部分受教育者的终极目标。

我们明确主张：道、术同修，教育应该承担起“安心立命”的重任，避免人的“异化”。

《论语·为政》有言：“君子不器。”对于教育，万世师表孔子最为担心的是：把人教育成了“器”，把人教育成了一种工具，让人在刻板教育中反倒丧失了生命中最为重要的东西——生命的活力与热情、生命的灵性与光辉。

亚当·斯密也曾意识到这种风险。他说：“为防止退化起见，政府就有（对教育）加以若干注意的必要。这是因为在现代工业社会，劳动分工的确立，使一般人只是获得了特定职业所要求的技巧，而同时牺牲了个人的智能、交际能力、尚武品德等。因此，在一切文明的社会，政府如不费点力量加以防止，一些受教育者，就必然会陷入这种状态。”

在分工日益细化的今天，强调专业教育、强调工匠精神是对的，强调“器”、重视“术”也是对的。但应该避免的问题是：在真

“术”还没有求得之前，已经使一些受教育者丢失了灵性、丢失了人性的活力与热情、丢失了交际能力和尚武品德。丢失了这些，就等于丢失了“安心立命”之道。

术，多指生存技能。如书法、声乐、制图、设计、车工、美发、会计……“术”永无止境，水平高低多能被当场验证。术的练就不要指望在学校完成，即使拿了“注册××师”证明，你依然不是一个合格的“术”人，你自己心里没底，别人也不会因为你有证就信你。“术”需要在实践中练就，有时需要多年、甚至毕生才能练就。当下，证主要发挥着敲门砖的作用，并不一定有很多的含金量。练就一门真“术”，就业谋生不成问题。

道，关乎“安心立命”，关乎生命灵性，关乎能否从天地精神、先贤训导中汲取精神能量，关乎对生命“真、善、美”的感悟和体验。“道”，多指事理的清晰、大势的把握、精准的判断，多数不能被当场验证，有时需要数月、数年、数十年甚至更长时间后才能被实践检验。受教育者若能从天地精神中、从先贤训导中多多汲取智慧，多些“道”的观察，多些“理”的思考，多些“心”的领悟，生命定会日渐精彩，求“术”之路可能走得更远。

“术”与“道”虽能被区分开来，但多时又是相伴前行的，高超的“术”一定合乎着诸多的“道”“理”，“道”多时也需要具体的“术”给予体现。孔圣人倡导的六艺——礼、乐（音乐）、射（射箭)、御（驾驭车马)、书（写字)、数（数学）——偏于“术”。而“四书”“五经”更偏于“理”和“道”。

“术”与“道”不可偏废。当代社会，尤应警惕重“术”轻“道”导致人被“异化”的风险。1776年，亚当·斯密在《国富论》中指出:“人类大部分的智慧都来自日常职业，如果一个人把全部生命都耗费在了少数几个简单的操作上……他自然就会丢掉努力发奋的习惯，让自己变得蠢笨而愚昧。精神上这种没有感觉的状态，不但让他失去领悟和参加所有合理的谈话的能力，而且让他失去拥有所有宽厚的、高尚的、温和的情操的能力，结果，对于私人日常生活上的许多事情，他也失去了进行适当判断的能力，至于大的、广泛的国家利益，就更没有能力进行辨认了。基于他的无知和无能，要想让其在战时捍卫国家，是需要很费一番周章的……由此看来，他获得的对于特定职业的技巧和熟练，就是牺牲了聪慧、尚武等各种品性得到的。”进而，教育被赋予了纠正和预防这种“异化”的职责。马克思在《1844年经济学哲学手稿》中也曾经谈到如何避免“人的异化”。“人以一种完整的方式占据自己完整的本质。”这种方式，包括人的各种感觉、愿望等一切能与客观事物发生作用的方式。而人的成长与健全人格的过度分裂，很容易使人陷入亚当·斯密所说的“变得愚钝无知、丧失交际能力和尚武品德”的痛苦境地。

没有“安心立命”之道的支撑，求“术”之路难以走远，求

“术”之路容易导致“人的异化”。当今时代，“道术同修、理技相滋”是一种难以达到的理想状态，但我们不应该放弃理想，我们不应该背离理想太远，我们不应该忘记教育的“初心——君子不“器”。

从2013年开始，我们在南开大学经济学院，为本科三年级和研究生一年级学生开设了一门新课——《幸福经济学》。选课者大都是接受了20多年家庭教育和学校教育的学生。每次上课，教师和学生总是能够达成一些共识与一致。

20多年来，我们脑子里被灌输的信息（或者说是所谓的知识）已经足够多了，如果将来我们不能“好之乐之、卓尔有效”地工作，如果将来我们不能“心安喜悦、静动有序”地生活，很可能不是因为我们少背了几个概念，少被输灌了几条信息，而是因为我们在以下几方面缺少了自我觉知与有效训练：第一，在信息—知识—信念—判断—行动这一链条中，后三个环节的训练不足，致使学到的东西大部分滞留在前两个环节，不能生成判断力和行动力；第二，在生命资源配置过程中，对“无常”和“无价”两个要素掂量得不足，没有掂量好“被动的忙碌”与“遵从本心的真行”哪个更有价值；第三，对生命关联广泛性的觉知与感恩不足，对天地精神和先贤精神的敬畏与汲取不足。精神能量缺少“至上”目标的统领，没有掂量好“就业谋职”与“安心立命”之间的关系。

联合国教科文组织明确倡导：“一切教育活动都是为了学生的成

长和发展，为了学生一生的幸福。”好的教育可以铸就心力与灵魂，拓展心灵的广度与深度，提升人的认知能力；好的教育可以铸就内心和谐，可以使人日益中正平和，提升人的情绪管理力；好的教育可以铸就民族脊梁和时代先锋，使人更富有个人担当、家庭担当与民族担当，提升人的行动担当能力。“三力”足，受教育者的幸福人生基本铸就。

专家研讨

ZHUANJIA YANTAO

黄瑞新

中国人民解放军陆军勤务学院

我国的国家治理三个方面：国际国内风险、市场制度的风险、管理能力不足的风险。当然，财政风险论还需要中国制度优势论结合起来，从而解释中国社会主义财政的理论基础。

首先第一个问题讲一讲我对财政学基础理论的理解。改革开放以来我们一直处于一个相对稳定的时代，现在却处于风险叠加的时代。因为改革开放初期美苏对抗，中国是重要的第三级，是被争取的对象，所以没有大的外部风险；后来美国又想把中国纳入市场经济体系，纳入西方世界的中低端生产的体系，也没有什么大的风险，所以那时候我们引进的西方拿来主义的市场经济理论，很好很有用，减轻了计划经济向市场经济波动的问题。现在市场发生了根本的变化，中国是世界经济老二，可能威胁到美国了。奥巴马曾有个讲话，中国科技一发展，把有些原来的高价垄断利润的产品搞成白菜价，西方国家的超额利润没有了，其福利基础也就没了。所以，现在中美的冲突矛盾是不可避免的，外部风险的问题是未来30年、50年的大事。

新时代发生根本变化，外部风险问题突出了，我们过去没有那么大的外部风险，也忽视了很多风险，风险被忽视不等于没有风险。现在风险问题比较大，将来美国人给我们挖坑是大概率事件，是大坑还是小坑，在哪里挖？是在金融领域挖还是在贸易领域挖？还是科技领域挖或者是政治领域挖？因此，在财政基础理论上强调风险决定论意义重大。

2008年，当时我们学校政委请我给他写一个提案，我在网上查资料时，很多专家说美国经济很好，没有问题；也有专家说美国经济确实有问题。现在假专家一大堆，尤其是对美国的有充分认识的专家很少，查的资料都是假资料。尤其那次全国人大提案时，对2008年美国金融危机的判断，很多人说美国经济好得很。所以现在感觉到清楚美国的人很少，现在到底是什么关系？夫妻关系？敌对关系？亦敌亦友？财科院刘尚希院长很多思想和我产生了共鸣，尤其是对公共风险财政学的问题，现在很多人还不接受，这可以理解，一个新的观点和课题，要接受很难，真理往往掌握在少数人手里。

国家治理中的财政，现在财政需要解释力，用过去的公共财政解释起来很难，治理从天下大乱到天下大治。我国的国家治理有三个方面：国际国内风险、市场制度的风险、管理能力不足的风险。当然，财政风险论还需要中国制度优势论结合起来，从而解释中国社会主义财政的理论基础。

关于学科建设，财政学科在应用经济学中被困住了，这个问题需要解决。比如说我们学校的应用经济学，如何发展？财政学科关键在于研究，学术上的繁荣要有平台，现在财政学研究的国防财政、军队这一块，希望也有一个平台，国防财政研究平台现在正在搭建。高层次的人才或高水平的成果肯定是学科建设的基本方面。

专家研讨

ZHUANJIA YANTAO

吕冰洋

中国人民大学

财政要作为国家治理的基础，仅从提供公共物品的角度分析是不够的，还要考虑财政的制度供给功能。不过，“制度”虽然重要，但这一概念仍比较宽泛，据此很难进一步分析财政的角色。我个人认为应该从制度的关键功能——增进“公共秩序”出发，观察它与财政的联系。财政是一系列制度的集合，财政制度运行的重要结果是“公共秩序”。

“财政是国家治理的基础和重要支柱”，这个论断在中国共产党第十八届三中全会提出后，已得到财政学界的广泛认同。这个论断超越了几十年来国内外流行财政学教科书对财政本质和职能的论断，可以说，是更接近于财政本质的论断。这个重要论断引起了国内财政学界的广泛反响，财政学者纷纷撰文阐述它的合理性。很明显，该论断意味着“市场失灵—公共物品—财政职能”这一条传统研究财政的逻辑是有很大缺陷的，它呼唤着财政基础理论重大的创新。

在经典的财政学教科书中，财政的出发点是“市场失灵”这一核心概念。即由于垄断、外部性、信息不对称、信息不对称和不充分、收入分配不公、经济波动等问题存在，竞争性市场无法实现帕累托效率，为此需要政府干预市场。然而，如果严格按定义的标准来衡量公共物品，现实世界中几乎没有什么能称得上是纯粹公共物品。原因在于，在纯私人物品和纯公共物品之间，存在广阔的混合物品地带，它们都不必然由政府提供。

财政要作为国家治理的基础，仅从提供公共物品的角度分析是不够的，还要考虑财政的制度供给功能。不过，“制度”虽然重要，但这一概念仍比较宽泛，据此很难进一步分析财政的角色。我个人认为应该从制度的关键功能——增进“公共秩序”出发，观察它与财政的联系。财政是一系列制度的集合，财政制度运行的重要结果是“公共秩序”。

什么是秩序？秩序是“符合可识别模式的重复事件或行为”，是“引导个人一套正式和非正式的规则”。秩序的重要性在于两点：第一，它是人的基本需要，卢梭指出，社会秩序是“作为为其他一切权利提供了基础的一项神圣权利”，并认为它与自由同样具有最高的价值；第二，它是经济和社会运行的基础，秩序意味着信赖和合作，当社会失去秩序时，信赖和合作就会被瓦解，交易成本将迅速上升，劳动分工将难以为继，经济效率会下降。秩序是在人与人的互动中产生的，它天然地具有公共性。

人们需要什么样的公共秩序？秩序的主要功能是促进人与人之间的信赖与合作，在人类社会发展的不同历史阶段，人们对信赖与合作的理解不同。从经济发展视角看，人类社会可分为前市场经济时期和市场经济时期。在历史长河中，市场经济只是从工业革命以后才逐渐发展起来的，它在人类历史上存在的时间是非常短的，但是它对经济与社会关系有着根本性的改变作用。波兰尼（2007）用“脱嵌”一词概括市场经济发展后经济与社会的关系。他认为，在工业革命前，人类的经济是“嵌入（submerged）”在社会关系之中的，人们的行为动机并不在于占有物质财物的个人利益，而在于维护他的社会地位和社会权利，维持生产和分配中的秩序依赖互惠和再分配原则，而不是市场经济出现后以自利为原则。在工业革命后，市场经济需要人、资本、土地遵循价格规律，变为可流动的生产要素。如果经济仍旧嵌入在社会中，那么要素就不会流动，市场经济也就发展不起来。为此，发展市场经济之前，需要经历一个经济从社会中“脱嵌”的过程。

由于经济与社会关系这种转变，整个社会所需要建立的公共秩序也不同。在经济嵌入社会的前市场经济时期，重视的是生活伦理，国家要通过王权、神权、礼治等保持社会稳定，人们之间的信任与合作往往基于社会身份进行；在市场经济时期，重视的是商业伦理，政府要通过促进要素流动、保障产权等提高经济活力，人们之间的信任与合作往往基于价值判断进行。在前市场经济时期，要强调的公共秩序是等级身份与服从；在市场经济时期，公共秩序的主要特征是强调要素自由流动与创新。对此，诺思用“权利限制秩序”和“权利开放秩序”概括两个时期的秩序特征：在前者秩序中，人际关系是重要的；在后者秩序中，拥有公民身份的个人在广阔的社会行为领域里互动，人际关系的重要性降低。

秩序尽管重要，但它是怎么形成的？制度经济学认为，秩序演化遵循两个路径：一是自发秩序，二是人为秩序。自发秩序观点认为秩序像市场经济一样，由“无形之手”指引协调并实现最优。人为秩序（也称“计划秩序”）观点认为，秩序由“有形之手”指引，直接凭借外部权威，靠指示和指令来计划和建立秩序。对秩序的演化路径的不同观点，产生我们对政府通过设计制度干预公共秩序的不同理解。如果认为自发秩序有较大优越性，那么财政制度需要被动地适应经济社会的发展，例如，当收入分配不平等加剧时，需要改革个人所得税制度来调节分配；如果认为人为秩序有较大优越性，那么财政制度需要主动引导经济社会的发展，例如，累进个人所得税的设计一开始就有意促进社会公平，同时还要发挥它对社会控制的重要作用。

无论是认同自发秩序的优越性还是人为秩序的优越性，毋庸置疑的是，财政制度均会对公共秩序产生重要影响。不同的是，如果是认为人为秩序有较大的优越性，那么，在设计财政制度时，会更强调它对公共秩序的活动引导作用，财政活动范围会更广、财政活动内容会更深入。

市场经济越是发展，越是需要公共秩序做出相应调整。那么，怎么才能算是增进公共秩序呢？这主要体现在两个方面。

一是体现在秩序的活力上。市场经济天然是自由的经济，没有个人行动自由，就无法保证商品和要素市场的自由流动，也就无法保证市场在资源配置中发挥决定作用。也正因为如此，弗里德曼（1986）指出，“市场保证了个人自由本身”。增进公共秩序的体现之一，就是激发个人、社会组织、地方政府的活力，使其能在广泛的交易范围、在广阔的社会空间里活动。

二是体现在秩序的稳定上。市场交易范围的扩大、市场分工的深入、社会组织的活跃、政府间竞争的激烈，会使各市场参与主体信息不对称性提高，而不对称信息容易激发机会主义行为，为此，建立一个保证承诺有约束性、并能强制执行的规则是非常有必要的。这需要政府对经济社会进行一系列控制，包括：控制市场自由竞争带来的无序行为，控制市场领域对社会领域的侵入，控制地方政府间的无序竞争行为。

财政一系列制度均会深刻地影响着公共秩序。这里以财政支出制度为例，说明它与公共秩序的关系。

财政支出制度可以有效地保护公共秩序。保护手段有二：一是财政直接支出，市场经济越发展，人与自然的商品化程度越高，它对原有社会秩序的冲击也越猛烈，此时财政可以通过加大社会保障支出来避免社会受到严重冲击。随着经济发展，公共服务的需求会随之迅速增长；二是政府购买公共服务，政府购买公共服务可以使社会化生产私有化，而获取这些物品和服务的权利继续存留于公共领域之中。由此，政府与社会组织可建立起良好的合作伙伴关系，既有助于政府机构精简，也有利于社会组织发展，还有利于满足社会公众多元化需求达到激发社会活力的效果。同时，广泛的公私合作又避免社会组织成为政府权威的消解力量。

随着经济发展，社会将涌现大量的非政府组织，这些组织在提供公共物品的同时，也可能让政府对社会控制力度下降，此时政府可以通过财政支出参与非政府组织建设。实际上，这也是世界上许多国家的做法。据Salamon（2010）对39个以发达国家为主的各国非营利组织的收入来源统计，政府资助平均占36%，收费平均占50%，慈善捐赠平均仅占15%。不难想象，当社会组织资金很大一部分来自政府资助时，它只会成为政府的合作者，而不是政府权威的消解力量，这也是美国等发达国家公益组织大量资金来自政府资助的一个重要原因。

总结起来，财政学作为一门学问，是在人类社会临近进入自由市场经济阶段才出现的。因此，财政与国家治理之所以能发生紧密关系，主要是在于人类社会跨入市场经济阶段后，市场经济对原有的社会公共秩序产生剧烈冲击，并对国家治理不断提出新的要求和带来新的挑战。从公共秩序角度思考财政的理论支点、职能和作用，会有很多新的发现。

专家研讨

ZHUANJIA YANTAO

林 江

中山大学

总而言之，我的基本看法是，财政学需要基于传统的经济学理论基础，从经济学的学科体系出发，再向周边的相关学科进行拓展。在这个过程中，既可以守住自己的阵地，又可以积极地向财政学科相关的其他学科和理论进行拓展。如此一来，我们就可以在建立中国特色社会主义财政学基础理论方面不断取得新的进展。

今天想谈一下我对中国特色社会主义财政学理论的粗浅理解，主要围绕中国特色来讲。中国特色是什么？政府的作用还是在中国特色社会主义当中体现得最突出的。政府既然要发挥作用，就得花钱，花钱就涉及如何收钱的问题，越多越好，还是适中？这就是学问。怎么把收来的钱花好，这就涉及预算问题。在此过程中我们还希望建立一个为什么要收钱、如何收钱以及如何花钱才是最优的理论体系，还是需要借鉴西方经济学或者是西方财政学的做法，对于政府该如何收钱、如何花钱的问题做适当的扩展。

中国特色社会主义财政理论还涉及党的十八届三中全会所提的财政是国家治理的基础和重要支柱的论述，既然财政在国家治理当中的作用如此重要，我们必须从国家治理的高度看待财政和财政学。国家治理包括政治治理、经济治理、社会治理等，中国人民大学的吕冰洋教授还提到，国家治理还涉及公共秩序问题，我很赞同这个观点。因此，无论是财政学还是财政理论，均贯穿于国家治理的整个进程中，要体现财政和财政学在国家治理过程中的独特角色，就不仅仅是经济学领域的问题了，当中需涉及多个学科。我很认同“公共财政”的提法，因为公共财政其实包含了公共治理和国家治理当中财政所发挥的重要作用。在昨天的研讨中有专家提出，需要建立财政学的话语体系，也就是说，我们要建立中国特色社会主义财政学的话语体系。然而，从我国的国情和现实出发，目前财政学的学科现状主要还是从经济学的学科视角出发的。那么，我们是不是要抛弃这种思维？改变这种现状？我认为也未必。当然，如果能够做到完全抛弃旧有思维，在短期内建立全新的理论体系的话我们也不反对，但看起来会有相当的难度。既然有难度，我们是不是可以退而求其次，即还是从经济学的视角出发，再结合周边学科来对财政学的学科领域进行拓展，比如说金融学科里，国债既是金融学的研究范畴，同时也是财政学的研究范畴。

我记得数年前，党的十八届三中全会刚刚提出要建立现代财政制度时，广东省财政厅的领导就提出要研究如何建立广东省的事权和支出责任的问题。据了解，当时财政部也鼓励广东就相关的问题做一些研究和尝试。我也很荣幸有机会参加过一些研讨。当时的研讨场景之一，就是找来有关部门的领导和专家，包括财政厅的领导、税务局的领导、省编制办公室的领导以及专家学者进行讨论，我们知道，事权与支出责任问题脱离不了现有的预算科目和现行的政府公务员编制问题。事实上，如果脱离了预算科目，脱离了政府公务员编制的体系，我们就缺乏了一个探讨政府事权与支出责任相适应问题的基础和参照系，但是如果从现有的规程和条条框框出发，就难言有多少创新了。而广东当年进行研讨的思路，也只是从现有的预算体系、预算科目出发，思维是否具有创新性，不难得出结论。这与我们今天探讨中国特色社会主义财政学的理论体系问题是很相似的。要在理论上实现本质的创新，我们的思维就不应该受诸如此类的限制。而参与财政学理论的改革改革创新，要求我们既要对现行体制非常熟悉，又能够超越现行的条条框框，拿出创新的勇气和胆量。要实现此目标当然比较困难，可是，难也要做，我们财政学界要在这方面持续地做出努力。至于未来体现中国特色社会主义制度特征的财政基础理论应该是怎样的，我认为，围绕党的十九大报告所提的四个方面：一是高质量发展。我们设想一下，财政学是不是可以围绕高质量发展，高新科技产业的发展来展开？刘尚希院长提到了数字财政的问题，我们是不是可以论述一下数字财政学、科技财政学或者产业财政学，从而围绕着国家的产业转型升级的目标，并以此作为财政学努力的方向。二是建立中国特色社会主义财政学或者财政基础理论围绕建立现代经济体系的目标来展开。例如，探讨中国特色社会主义财政体制，这与财政体系、财政监督体系、税收体系、税收征管体系有什么关联？而对这些领域进行深入的探讨其实就是围绕我国建立现代经济体系做出不懈努力，这无疑是一个方向。三是财政学可以围绕形成全面开放新格局来展开。可以有开放财政学、国际财政学、比较财政学、区域财政学、国防财政学，这些领域强调的是全面开放，因为国家目前是朝着建立全面开放新格局的方向前进的，所以财政学需要服务这样的发展方向。四是财政学在共建、共治、共享当中的角色和作用。环境财政学、社会保障财政学、福利财政学都是值得拓展的学科领域，思路还是比较清楚的。

总而言之，我的基本看法是，财政学需要基于传统的经济学理论基础，从经济学的学科体系出发，再向周边的相关学科进行拓展。在这个过程中，既可以守住自己的阵地，又可以积极地向财政学科相关的其他学科和理论进行拓展。如此一来，我们就可以在建立中国特色社会主义财政学基础理论方面不断取得新的进展。

朱德云
山东财经大学

在新的科技革命面前，我们不能再按照分科模式培养学生，而是要用整合式的教育方式，给学生以未来世界的全面认知。这就要求教师不能因循守旧、照本宣科，而是要挑战、超越以往的知识结构，实现教师的态度提升、观念提升、知识提升和能力提升。

我原本想谈两个问题，第一个问题是当前形势下财政在国家治理体系中的定位，给财政学科提出了新的压力和挑战。该问题刚才各位专家都讲了不少，时间关系以下着重谈第二个问题：有关新文科建设的思考。

当前大家都在提新文科建设。我国新文科建设早在2018年10月已初现端倪。教育部等13个部门正式联合启动的“六卓越一拔尖”计划2.0，标志着新文科建设全面推进。建设新文科，无论对学校、学生、教师，还是教育管理者，都具有十分重要的意义。

第一，就学校层面而言：新文科建设对于像我们山东财经大学等地方性财经类高校来说，具有特别重要的意义。

类似山东财经大学等地方性财经类高校，在综合性大学的一个学院，例如经济学院，在我们学校则被分成经济学院、财政税务学院、金融学院、保险学院、国际经济与贸易学院五个学院。各学院间虽然专业划分明显，学科建设任务清晰，但是容易形成专业壁垒，制约人才全面发展。主要表现为：（1）专业划分越来越精细化、学科分布越来越碎片化。一个经济学科划分成若干个专业，专业间相互隔离、互不往来。每个专业都有自己小而全的培养方案。在保证“两课”学分和实践教学学分的前提下，留给专业课的学分并不多了。本专业的专业课都开不了几门，更不用说相关的学科共同基础课了。人文教育、社会科学的理论方法的课程更是无从谈起。其结果是不仅学科基础没打扎实，专业课也没学多少，学生的知识面越来越窄，人才培养难以博通，培养出来的学生毫无特色而言。在很大程度上影响到学生的综合素质的提高。(2) 专业设置功利化色彩浓厚。当今社会中，人们的功利性思想太过严重，大多从攻读该专业后可以给自己带来什么好处、是否有利于找到好工作等方面来评价各专业价值。学校在进行专业设置时也迎合大众的这种需求。前几年金融专业、会计专业较为热门，每所学校不管有无师资、是否具备开办该专业的条件等，都统统设置金融专业、会计专业。金融、会计也一直是我们学校的热门专业。最近几年，这些专业在招生、就业等方面已经遭遇了挑战。(3) 课程设置存在上述同样问题。以社会保障专业学硕为例，该专业设立之初不考数学，学生报考该专业硕士一度趋之若鹜。社会保障学硕不考数学、不学数学，学生如何学习和把握社会保险基金精算等相关内容？(4) 学校办学和发展过于孤立化。学校追求小而全的结果必然造成办学和发展的孤立化。

第二，就学生层面而言：新文科建设对提高学生的综合素养，以更好地适应社会需求来说，具有特别重要的意义。

(1) 文科学生越来越脱离社会实践。考文科的本科和硕士研究生，数学功底相对较弱，计量分析方法和工具的掌握较差；根本谈不上对技术发展的浓厚兴趣以及在本领域开展学术研究的创造力。(2) 理科学生华而不实。考理科学生数学好，计量分析方法掌握得好，但由于缺乏文学和文化素养，语言表达和逻辑思维能力较差，在很大程度上影响其创新能力和批判思维的提升。

第三，就教师层面而言：新文科建设对调整和优化老师的知识结构，以更好地适应形势要求来说，具有特别重要的意义。

（1）在新的科技革命面前，我们不能再按照分科模式培养学生，而是要用整合式的教育方式，给学生以未来世界的全面认知。这就要求教师不能因循守旧、照本宣科，而是要挑战、超越以往的知识结构，实现教师的态度提升、观念提升、知识提升和能力提升。（2）新文科教师，既要熟知本专业知识，也要熟悉相邻专业，这就需要授课老师能够相互学习、相互协作。（3）慕课、在线开放课程等形式给高等教育带来了新的形态，也给老师带来了新的机遇与挑战。

第四，就教育管理者而言：新文科建设任重道远。

（1）做好顶层设计。顶层设计至关重要。要让真正富有建设性、真正富有想象力、真正有教育理念的人设计这些方案，打破现有的“中文+历史+哲学”式的拼盘教育，打造一种全新的，真正好的教育理念。（2）明确新文科定位。新文科是适应新时代科技革命需要，在教育理念、教学内容、教学方法等方面进行的重大变革，旨在培养超越现有专业与学科局限的，专业素养高、学术能力精、综合实力强、有创造视野的新人才。（3）打破专业壁垒，包括人文社科内部及其与自然科学之间的壁垒，财政学科内部专业之间的壁垒，慢慢融合和发展。（4）建立一套全新的高校评价机制。一是改变高校人才培养单纯以市场为导向模式，理智看待就业率，更多地为科学发展考虑。二是打破当前高校和科研制度管理行政化的禁锢。三是改变当前高校里重科研、轻教学的现象。现有的科研评价制度关注科研经费获取、论文发表和引用等，而文科研究传统上偏向于专著的撰写，周期长，且对科研经费的依赖性弱。

李春根
江西财经大学

新时期财税改革实践应当强化对财政与财税体制功能与作用的崭新认知，使财政与财税体制在国家现代化治理中担负起更为重要的历史使命，成为国家现代化治理的深厚基础和持久动力。

党的十八届三中全会提出“财政是国家治理的基础和重要支柱”，正式拉开了以建立现代财政制度为目标的财税体制改革的帷幕。党的十九大报告进一步对现代财政制度的建立提出了具体要求，即“加快建立现代财政制度，建立权责清晰、财力协调、区域均衡的中央和地方财政关系。建立全面规范透明、标准科学、约束有力的预算制度，全面实施绩效管理。深化税收制度改革，健全地方税体系”，这是财税改革发展中对自身的重新认识和明晰定位，标志着中国特色社会主义财税理论的逐渐完善和系统化，是马克思主义中国化的最新成果。

所谓“定盘星”，意为杆秤上的第一颗星，把秤砣挂于此，恰好能与秤盘上的重量相平衡。一般以“定盘星”比喻一事之准则，尤其是正确的基准。习近平总书记曾提出“要以马克思主义政治经济学为指导，总结和提炼我国改革开放和社会主义现代化建设的伟大实践经验”。我们应当全面、系统、深入地学习马克思主义经典原著，关注马克思主义关于财税的理论，将马克思主义政治经济学的基本原理运用到研究中国特色社会主义经济运行规律和财税工作实践之中，形成马克思主义财税观的基本立场、观点和方法。不仅使马克思主义财税观成为新时代科学透彻地观察和解决我国财税工作问题的定盘星，从更广阔和长远的视野来看，还要为中国经济社会改革发展提供理论指导，为经济全球化背景下人类命运共同体建设打造“中国样板”。

一、马克思主义财税观的核心要义

（一）财税的本质特征

马克思主义阐明了财政与国家的关系，认为财政是“资产阶级社会在国家形式上的概括”，肯定了财政是以国家为主体的分配行为或活动，是实现国家职能和提供物质基础的经济手段。通过揭露资产阶级国家财政的剥削实质，马克思主义指明资产阶级国家财政只是服务于资产阶级政治统治，是资产阶级剥削无产阶级与劳动人民的国家手段。同时，马克思主义揭露了资本主义制度下的捐税与国家的关系，即“捐税体现着表现在经济上的国家存在”，认为税收是阶级国家的产物，是阶级国家为实现其职能的具有剥削性的分配关系，“是资产阶级保持统治阶级地位的手段”。马克思主义关于财税是“一个反映特定分配关系的经济范畴”的概述诠释了财税的本质，阐明了财税与政治、经济的辩证关系，为我国财税经济思想奠定了坚实的理论基础，有利于我们认识社会主义财税的核心本质和基本职能。

（二）辩证唯物主义的方法论

马克思主义注重运用辩证唯物主义和历史唯物主义的哲学方法论剖析资本主义的经济现象，认为矛盾是事物发展的动力和源泉，指出“如果事物的表现形式和事物的本质会直接合二为一，一切科学就都成为多余的了”，要求我们使用“矛盾分析法”分析财税的矛盾本性，掌握财税的本质属性，发现财税的发展规律，从而分析和解决实际财税工作中的问题。马克思主义坚持辩证与实践相结合，通过对劳动二重性问题的阐释提出了剩余价值理论这一马克思主义政治经济学的理论基石，认为剩余价值是资产阶级财富的来源，从而赋予税收、公债、国家预算等财政概念以正确的内涵解释。马克思主义深入分析了社会再生产过程的生产、分配、交换、消费四个环节之间的相互关系，认为生产是分配的起点和前提，分配的形式和方式反作用于再生产。马克思唯物辩证法是新时期认识财税发展规律、揭示财税与其他经济现象的普遍联系、分析和解决财税问题的根本方法，而其中蕴含的财政思想对于我国财政理论创新及实践变革具有重要的指导价值。

（三）以人民为本的价值目标

马克思主义关于生产力和生产关系的理论认为，人是生产力诸要素中最活跃、最革命的因素，是社会发展的最终决定力量。若要推动社会生产力更高更快发展，则必须调动起人的积极性，通过稳定预期、物质激励、精神鼓励等手段鼓励人积极劳动。马克思主义最鲜明的品格是人民主体性，认为“只有人民才是历史的创造者”。马克思主义自诞生起就具有“为全人类解放而斗争”的价值使命，始终关心如何把资产阶级和无产阶级从压迫与被压迫、剥削与被剥削的状态下解放出来，认为“无产阶级只有解放全人类，才能最终解放自己”。马克思主义坚持“一切为了人民、一切依靠人民”的根本政治立场深度契合于我国新时代“以人民为中心”的发展思想，对于我国财税改革应着眼于解决效率与公平的矛盾的理论指引意义重大。

二、马克思主义中国化的最新成果：习近平关于财税的重要论述

党的十八大以来，以习近平总书记为核心的党中央在化解我国经济社会发展中的诸多矛盾和问题的实践中，形成了以新发展理念为主要内容的习近平新时代中国特色社会主义经济思想。习近平经济思想是马克思主义经济学中国化的最新成果，是以马克思经济学重要观点为指引的改革开放实践的理论结晶。其中，习近平总书记

提出了一系列与我国财税工作实践紧密结合的财税观点和重要论述，这些蕴含中国独有文化基因与特殊国情的观点和表述与马克思主义财税观一脉相承并创新发展，是马克思主义中国化在财税领域的鲜明体现。

（一）重新诠释和定位财税的地位和作用

习近平总书记指出把财政看作是一个钱袋子“是一种陈旧的观念”，提出了“财政是国家治理的基础和重要支柱”的重要论断，认为“科学的财税体制是优化资源配置、维护市场统一、促进社会公平、实现国家长治久安的制度保障”。该论断科学总结和高度概括了财政的地位和作用，从经济、政治和社会层面升华了我们对财政及其职能的认识。同时，习近平总书记强调要正确处理国家治理和经济发展中政府与市场的关系，指出“让市场在法治轨道上充分发挥资源配置的基础性作用”，政府应当“回到经济调节、市场监管、社会管理、公共服务的本职”，从而“实现政府这只‘有形的手’与市场这只‘无形的手’的有机结合”。党的十八大以来习近平总书记指出，要让“市场在资源配置中起决定性作用和更好发挥政府作用”，从“基础性作用”到“决定性作用”，不仅有助于充分厘清政府与市场关系，更指明了财政作为政府“有形的手”的职能转变方向。总之，习近平总书记基于我国经济结构特征和运行规律对财政地位与作用的科学定位，突破了仅从经济范畴认识财政及其职能的狭隘视阈，是具有重大理论意义和实践价值的“大财政观”，是与时俱进地对马克思主义财税观阶级本质的超越和发展，是推动国家治理能力与治理体系现代化发展进程中的重要制度建构。

（二）创新财税政策，强化其宏观调控功能

习近平总书记高度重视财税政策的宏观调控作用，认为“财政经济绝不是只管收支的钱袋子，而是调节经济的大杠杆”，主张用唯物辩证法的观点来研究和解决地方财政经济运行中的诸多矛盾，要求“通过调节税收、财政支出、货币信贷等来刺激或抑制需求”以达到调控宏观经济的目的。同时，习近平总书记提出要“在宏观经济政策上进行创新”，尤其是创新财税政策使之适应经济形势的变化，并以“大国财政”的独特慧眼提出“把财政货币和结构性改革政策有效组合起来”，以谋求全球经济社会发展中层出不穷的矛盾问题的解决之道。面对经济风险、社会风险、债务风险和金融风险等公共风险相互交织的新时期，习近平总书记则要求“强化财政政策、货币政策的逆周期调节作用”，借由财政政策的总量调节与结构调整功能促进经济高质量稳定增长，从而为防范化解重大风险奠定坚实的物质基础。习近平总书记的论断表明，需要根据经济社会发展的主要矛盾和问题，用普遍联系与变化发展的视野和方法创新财税政

策。不仅要紧扣时代脉搏地进行总量调节，还要着力解决波及经济社会稳定发展的结构性矛盾，更要重视财政风险防控机制构建，有效化解社会内生的及财政改革衍生的公共风险，这是当前实施积极财政政策的根本要领。

（三）民生支出是财政支出结构优化的重点

习近平总书记坚持解放和发展社会生产力的基本原则，形成了正确处理社会主义经济关系的重要财政思想。党的十八届三中全会将促进社会公平正义、增进人民福祉作为全面深化改革的出发点和落脚点。公平正义是中国特色社会主义的内在要求，习近平总书记强调要“把促进社会公平正义作为核心价值追求”。财政是维护社会公平正义的利器，因此，习近平总书记重视民生财政支出对经济社会发展的稳固剂作用，坚持“以人民为中心的发展思想”的马克思主义政治经济学的根本立场，将民生财政支出作为增进人民福祉的重要手段，要求“创新财政支出方式，盘活财政资金存量，提高财政支出效率，按可持续、保基本原则安排好民生支出”。同时，习近平总书记坚持和完善社会主义基本分配制度，调整国民收入分配格局，重视财政对于实施全面建设小康社会战略的支持作用，提出将财政支出结构调整作为解决全面建成小康社会中农业、农村、教育、文化、扶贫等重难点问题的突破口，如要求“加大对革命老区、民族地区、边疆地区、贫困地区基本公共服务的支持力度，加强对特定人群特殊困难的帮扶，在此基础上做好教育、就业、收入分配、社会保障、医疗卫生等各领域民生工作”。总之，习近平总书记“以人民为中心”的财政支出思想，对于化解新时期的经济社会矛盾十分关键，超越了以解决阶级矛盾为价值取向的马克思主义财政支出观，是我国经济工作重要指导思想的基准点和财税改革实践的根本方向，是构建符合新时代中国特色社会主义经济特征的财税理论的价值目标。

三、以习近平新时代财税重要论述为定盘星，指导并推动我国财税改革实践

财税改革是中国特色社会主义事业的重要组成部分，习近平总书记关于新时代财税的重要论述是新时代财税领域的重大理论创新，具有鲜明的历史特征和时代诉求。我国财税改革和制度建设实践必须以习近平新时代财税重要论述为思想遵循和行动指南，有效提升国家治理能力现代化水平，促进经济社会可持续及高质量发展。

（一）强化财政及财税体制在国家治理体系中的定位

在治国理政的制度性安排中，唯有财税体制能够延伸至国家治

理的各方领域，与国家治理如影随形、同轨运行，是国家治理体系演变进程的基本线索之一。党的十八届三中全会作出了深化财税体制改革的系统部署，以全新的理论研判首次从根本上摆正了财政的位置，从国家治理体系的整体角度对财税体制进行了重新定位。财政不仅是政府的收支或政府的收支活动，更是国家治理的基础和重要支柱。财税体制不仅是国家治理体系的重要组成部分，更在其中起着根本性、全局性、长远性的作用。因此，新时期财税改革实践应当强化对财政与财税体制功能与作用的崭新认知，使财政与财税体制在国家现代化治理中担负起更为重要的历史使命，成为国家现代化治理的深厚基础和持久动力。财政要在政府治理、市场治理和社会治理领域发挥积极的制度建构作用，提升政府介入市场和社会的规范性和有效性，实现多元主体交互共治的治理模式。积极推进财税体制改革，将其作为全面深化改革的关键突破口，在更高层次平台和更广阔改革领域助力国家治理现代化。

（二）把握主要矛盾和相互联系，加快财税体制改革

任何事物的运动发展都是变与不变的统一。虽然我国社会主要矛盾已经从“人民日益增长的物质文化需要同落后的社会生产之间的矛盾”转变为“人民日益增长的美好生活需要和不平衡不充分的发展之间的矛盾”，但依然处在社会主义初级阶段，且仍旧是世界最

大的发展中国家。财政不仅关系到经济社会发展，更贯穿于国家、政治、社会、民生等诸多重要领域，具有整体性、全局性和战略性，财政改革既要注重对有形的物质公共品的提供，也要保障对无形的精神公共品的提供，以实现经济社会可持续发展、人民安居乐业、国家长治久安。

改革开放以来，我国财税体制历经“划分收支、分级包干”，“划分税种、核定收支、分级包干”，多种形式的包干制度，“分税制”等关键变革，均以解决社会主要矛盾为改革目标和理论指导，不断推动生产力发展和人民生活质量的提升。当新时代的财税领域内出现众多社会问题和经济利益的盘根交织，新一轮财税体制改革应当立足于党对中国社会主要矛盾的全新论断和科学表述，以马克思主义辩证唯物主义方法论为指导，用辩证的眼光看待社会矛盾转变中的“变”和“不变”，将财税改革作为解决发展不平衡不充分问题的重要手段。改革过程中须兼顾矛盾的普遍性和特殊性”，即制度体系的设计既要从长远着眼，力求统一规范，同时应考虑地区经济发展的差异而实行特定时期内的针对性政策。

一方面，财税改革应当抓主要矛盾，从系统化、整体化、全局化的视角设计和推进财税改革，立足于减轻社会主要矛盾对立双方的斗争性，破除束缚和阻碍解放生产力、发展生产力的财政体制弊端。加快现代财政制度建设，推进以预算改革、税制改革以及财政改革为重点的财政体制改革，注重三大改革彼此之间以及各自内部的协调性，还要加强财税改革与国有企业、社会保障制度、政府绩效管理、社会治理体制等其他领域改革的协调和配合。另一方面，财税改革也必须要关注次要矛盾的解决，注重在财政管理实践中公平和效率原则的把握，以综合平衡理念有效协调不同层级政府和部门的财政收支，重视不同地区、不同部门间的政策、制度及管理的相互协调，以及政府、市场与社会之间的平衡与协调。此外，财政改革应当支持打好防范化解重大风险攻坚战，以科学合理的财政事权与支出责任划分界定各级政府及各个部门的风险责任，使共享共治社会治理格局中的公共风险责任主体更为明晰化。

（三）财税工作须以人民为中心，加大民生支出取向

坚持以人民为中心，是社会主义生产的最终目的，是推动社会主义经济发展的根本动力。以人民为中心是治国理政的出发点和落脚点，集中体现了党全心全意为人民服务的根本宗旨。实现中华民族伟大复兴的中国梦，财税任重道远，财税工作者更是责无旁贷。正所谓“享天下之利者，任天下之患；居天下之乐者，同天下之忧”，改善和保障民生，不断增强人民群众的获得感，应成为我国财税工作的根本取向。作为政府重要的宏观调控工具，财政不仅要注重经济总量调节，同时要关注结构与不同群体利益的调节，积极

回应均衡公共服务、缩小地区差异、调节收入分配、保护生态环境、维护公共安全等现实民生诉求，以化解新时期经济结构失衡和利益分配冲突。因此，财政不仅要完善以转移支付、社会保障、税收等为主要手段的再分配调节机制，让发展成果更多、更公平地惠及全体人民，维护社会的公平正义，更要在构建资源节约型、环境友好型社会，促进生态文明建设等方面发挥应有的经济支撑和保障作用。

专家研讨

ZHUANJIA YANTAO

崔惠玉

东北财经大学

从财政运行的角度来看，治理的手段和工具发生了日新月异的变化。因此，我们的财政国家分配论观必须更新，财政不仅是一个分配的范畴，更是一个运行、控制和报告的范畴。

一、公共风险是财政产生和发展的本源

通过对氏族社会、国家产生萌芽时期、封建王朝时期及新中国成立之后财政活动的探究，发现公共风险是财政产生和发展的本源。财政活动在国家产生之前就已经存在了，而且财政活动规律在国家消亡之后应该依然存在。在国家出现之前，氏族部落也会为了规避公共风险（公共性）进行资源再分配，而分配对象是以除货币以外的多种形式存在的。

（一）氏族和部落时期的财政活动

从诸多文献的探究中发现：在国家成立之前，财政就已经产生了。在周柏棣所著的《中国财政史》（商务印书馆，1981）中，财政已经存在了4000年，在夏朝建立之前，在氏族与部落当中，财政活动是存在的。

原始部落中的财政活动可见蔡次薛在《试论我国财政的起源》（《中南财经大学学报》，1982）中提到："贡"会发生于部落之间与部落内部。在部落之间的表现主要是在原始社会末期，部落与部落之间经常发生战争，于是形成较为强大的部落和弱小的部落，那些弱小或被征服的部落，必须向强大的部落提供较多的劳动果实作为贡献，以满足较强大的部落公长们的需要。同时，发生于部落内部而言，“贡”会作为一种征课的方法，主要是牲畜，随着时间的推移也逐渐扩大了“贡”的范围。但从整体的形式来看，都是一层一层逐步剥削，最终依靠人民来承担，满足整个部落的发展。因此“贡”的存在，表明了原始部落中为了规避强大部落的攻击风险，弱小或被征服的部落必须筹集公共收入，以向强大部落缴纳“保护费”。

氏族时期的财政活动可见黄天华老师在《四论原始财政》中提出的“原始财政伴随原始宗教的发展而变迁”的观点，他提出父系氏族公社时期是“公共提供，公共消费”；父系氏族向农村公社过渡时期是“公共提供，特权阶层受益”；农村公社时期是“直接的分担和征收”。农村公社时期，雏形的国家实体在孕育之中，政教特权阶层通过直接的分担和征收等形式，实行强制性剥夺，以形成不规范的宗教贡赋。在这一过程中，原始宗教和公共祭祀活动体现的是在生产力极其低下的情况之下为乞求祖先亡灵保佑、逢凶化吉、祛病延年的化解风险的重要方式。随着生产力的发展，私有制的产生，原始宗教和公共祭祀活动的形式和内容不断改变，从相对温情的原始公共性的防范风险变成以防范风险为源头的强制性的分担和征收行为。

在氏族与公社时期，我们发现所有的史料研究都有一个共同的特征：这些具有公共性的活动主要是防卫性措施的基础设施建设、治水活动、基于宗教的公共祭祀活动。如我国考古工作者在西安半坡遗址中发现，一个氏族中存在很大的具有防卫性措施的建筑，并且在这些防卫性建筑的内部有许多公共的居住地、墓地、仓库等，同时在居住地区还有公共集会的场所。这些都说明在当时的生产力条件下，生产关系主要体现为大家对部落氏族被侵犯的风险、来自大自然的不可抗力带来的风险的防范，充分印证了公共风险防范是财政产生的本源。

（二）封建社会时期的财政活动

随着原始部落和氏族的发展以及生产力水平的提高，社会分层即阶级分化越来越明显，当然这种社会分层是伴随着一部分的劳动成果越来越多地被另外一部分人占有而出现的，这时就需要有一种机制保障资源向特定的一部分人流动（李炜光，2016）。于是国家管理机构产生了，我国第一个朝代夏朝，财政主要的表现形式就是由一个中心组织进行管理，负责调配所需要的人力、物力，无论人们想进行什么公共活动，都需要在这个组织管理下进行，农民要上交一定数量的粮食、布匹等。随着时间的推移，上交的物品种类越来越多，到最后演变成了货币。在这个过程中，由于国家体制的存在，暴力威慑的作用使享有大部分资源的公权阶级合法化，这些公权阶级由于实施管理职能便占有大量资源，强制性地征收实物和劳役，最后发展为货币的税收。在这一阶段体现的是强权政治下的生产关系，因此财政分配关系也是强权下的财政分配，公共性是有一定限制的“公共性”，财政并不是仅仅为了满足社会公共需要而存在的。在这一时期，如果统治阶级相对温和，财政满足社会需要的“公共性”属性会相对强一些，人民与统治阶级则会相安无事，而一旦相反，则会暴发社会风险，改朝换代。我国封建社会的发展史其实就是一部由于“关乎社会公平和正义”的财政分配活动引发的社会公共风险史。

因此，有什么样的生产力，就有什么样的生产关系，就有什么样的财政分配关系。财政活动的规律是经济基础，而财政的制度、政策、管理框架是上层建筑。

二、两种价值理论下的财政本质

（一）马克思的劳动价值论

马克思通过劳动价值理论与威廉·佩第提出的“劳动创造价值”、亚当·斯密提出的“一般社会劳动决定价值”的观点是一脉相承的。马克思劳动价值理论认为财政资金是劳动人民创造的剩余价值，他说：在任何社会生产中，“总是能够区分出劳动的两个部分，一个部分的产品直接由生产者及其家属用于个人的消费，另一个部分即始终是剩余劳动的那个部分的产品，总是用来满足一般的社会需要”。为了满足社会需要，社会主义国家在进行个人分配之前，要从社会总产品中扣除用来应对突发情况、满足社会公共需要、支持需要帮助的人所需资金等。马克思以满足社会公共需要定义了国家财政的含义。在这里，马克思认为财政是一种特定的分配关系，也就是一部分满足家庭需要，一部分满足社会需要。同时，马克思在税收、公债、预算等财政收入方面都进行了阐述，他认为税收是社会再分配的一种形式，分配的是剩余产品与剩余价值，公债是国家参与产品分配的一种形式，而预算是国家增减税收的衡量方法。因此，马克思的论述中，论述了财政的本质。

（二）效用价值论

效用价值论的代表人物是萨伊，在其《政治经济学概论》中将财政放在第三篇“财富的消费”，而不是第二篇“财富的分配”，主要是因为他将财政当成一个消费范畴来分析和研究。当然，他仍然坚持国家是非生产性的。而德国财政学者们基本上都是认为财政是生产性的，如史泰因和谢夫勒，认为国家干预经济并不必然会损害私人经济的发展，但他们无法自圆其说。一直到边际效用价值理论、公共产品理论的出现，政府财政活动作为一种与私人产品相对应的公共产品，于是财政活动与市场经济紧密结合起来，即市场失灵作为财政的逻辑起点。这时财政由一门分配学科发展成为一门经济学科。但是后来的发展让我们充分认识到边际效用价值论也不能很好地解释政府提供某种产品的原因，即政府提供的某项公共品并不一定是基于非竞争性和非排他性的。

总之，基于两种价值观对财政的认识，都不能很好地解释财政的本质，劳动价值论下的国家非生产理论发展到边际效用论下的国家生产理论，从一个极端到另一个极端，虽然边际效用论基于市场失灵更好地解释了国家为什么要干预经济，但是却不能自圆其说，因为有的产品或服务完全适用于边际效用价值论，政府却没有提供或者提供不充分。例如，残疾儿童的康复问题等。

三、国家治理框架下的财政活动本质

（一）什么是国家治理

英语中的治理（governance）一词源于拉丁文和古希腊语，在古拉丁语和希腊语中的意思是“操舵”，即控制、引导和操纵的意思。治理理论的主要创始人之一詹姆斯·N·罗西瑙（J.N.Rosenau）

在其代表作《没有政府的治理》和《21世纪的治理》等文章中将“治理”定义为一系列活动领域里的管理机制。治理与统治是有区别的，统治的主体主要是政府，统治的手段是压迫性的，而治理指的是一种由共同目标支援的活动，这些管理活动的主体未必是政府，也无须依靠国家的强制力量来实现。

罗茨（R.Rhodes，1996）认为，治理意味着“统治的含义有了变化，意味着一种新的统治过程，意味着有序统治的条件已经不同于以前，或是以新的方法来统治社会。”他列举了六种关于治理的不同定义：（1）作为最小国家的管理活动的治理，它指的是国家削减公共开支，以最小的成本取得最大的效益；（2）作为公司管理的治理，它指的是指导、控制和监督企业运行的组织体制；（3）作为新公共管理的治理，它指的是将市场的激励机制和私人部门的管理手段列入政府的公共服务；（4）作为善治的治理，它指的是强调效率、法治、责任的公共服务体系；（5）作为社会—控制体系的治理，它指的是政府与民间、公共部门与私人部门之间的合作互动；（6）作为自组织网络的治理，它指的是建立在信任与互利基础上的社会协调网络。从这些定义中抽离出国家治理的部分，即国家治理不同于国家管理，也不同于国家控制，也不同于国家监督，实质上是一种制度性安排，运用控制、管理、协调、监督等手段，使国家机构中相互冲突的利益集团、个人利益和行动趋于一致，并最终实现国家的终极目标。

在治理中，要削减国家经费开支，降低成本，引入私人部门激励机制，强调效率、法制和责任，强调政府与私人部门的互动等。

（二）国家治理下现代财政活动的主要特点

从财政的目标来看，已经从落后的生产力与人民日益增长的物质需求之间的矛盾转变为人民日益增长的物质文化需求与发展不平衡不充分之间的矛盾。所以现代财政活动要致力于解决地区发展不均衡的风险问题。

从财政的活动领域来看，随着经济的发展，从“三位一体”到2012年中共十八大会议上提出的“五位一体”（经济建设、政治建设、文化建设、社会建设和生态文明建设）；三大攻坚战（防范化解重大社会风险、精准脱贫、污染防治）；大国财政的全球公共品提供。

从财政收入的筹集来看，财政收入形式有税收，还有中央债、地方债，各种非税收入，税收筹集财政收入本身就蕴含着风险，例如提高直接税是否可行？经济新常态下的减税降费都是一种防范财政风险的方式。

从财政支出角度来看，实际上每一项支出政策的实施，都是在财力控制下的可行性选择，实际上也是在防范风险。实践中的表现就是，我们在决定是否提供某项公共品时，最先的考虑便是测算，提供多大范围的此类公共品需要多少财政资金，在现行的财力条件下是否可行，以免出现收不抵支的风险。再者，这种公共品的定义并不是它的非竞争性和非排他性，而是看如果不提供这种产品能否导致公共风险的产生。

从财政运行的角度来看，治理的手段和工具发生了日新月异的变化。因此，我们的财政国家分配论观必须更新，财政不仅是一个分配的范畴，更是一个运行、控制和报告的范畴。国家治理下必须要提高政府的效率，将激励机制引入政府部门。所以这里提出国家治理能力的提升是非常重要的。从当前来看，财政分配环节已经越来越法制化、规范化了，我们必须基于人工智能、大数据的发展重新思考财政运行的管理。如要解决中央政府和地方政府的信息不对称问题，目前财政部正在筹建财政管理一体化，使中央对地方转移支付及财政体制的重构更具科学性和对称性。如国库现金余额操作、政府采购支出管理、政府购买公共服务、国债的发行与偿还，这些方面都需要思考如何与现代技术的结合，预算绩效管理不仅要重视事前的绩效评估、事中的绩效描述，更要重视财政管理流程中的绩效控制等。

从政治学角度来看，现代财政对经济社会发展的兜底作用十分明显。

从风险社会的构成主体来看，政府、企业和居民个人必须权责对应，风险共担。部门和部门之间职能划分相对清晰，关系协调，制定政策的部门必须承担相应的责任；经济新常态下减税降费，居民承担公共品提供的风险，政府部门也要承担相应的人员经费、公用经费缩减风险。

综上所述，从公共风险论入手来探讨我国财政管理框架构建就显得十分必要，公共风险成为财政管理框架构建的度量衡，以公共风险作为切入点来思考和解决当前重财政分配、轻财政管理问题、部门和部门权责划分问题、政府间财政事权和支出责任划分问题、预算执行阶段绩效控制不足问题、技术工具改革片断化问题等，可能会取得意想不到的效果。

专家研讨

ZHUANJIA YANTAO

蓝相洁

广西财经大学

财政学不应该仅从经济学、政治学、社会学这些学科的个别领域展开研究，而应该是一门交叉的“综合社会科学”；不应该仅仅涉猎相邻学科的林间小道，而应该确立作为综合社会科学固有的学科领域，这正是财政学的使命。

一、关于财政在社会综合系统中的地位和作用

从社会综合系统来看，财政由政治体系、社会体系、经济体系三大体系构成。以权力为纽带，财政是一个政治体系；以收支为纽带，财政是一个建立在收支关系的经济体系；同时，财政以情感为纽带，涉及公平问题，也是一个社会体系。

财政学是什么样的学科？这涉及财政学的学科属性问题。财政学不应该仅从经济学、政治学、社会学这些学科的个别领域展开研究，而应该是一门交叉的“综合社会科学”；不应该仅仅涉猎相邻学科的林间小道，而应该确立作为综合社会科学固有的学科领域，这正是财政学的使命。一般而言，财政学可以归属于经济学，因为财政学要分析成本收益问题，分析财政的收支问题，还要分析供给与需求问题。因此，财政学研究的是经济学的基本范畴，从这个角度来看它属于经济学。财政学也可以列为政治学，财政预算、税收问题这些都要走政治程序，西方叫议会，我们国家称之为人大，它是一个是政治过程。人大有三项权力：第一项是干部的任命权，叫人事任免权；第二项是地方的立法权；第三项是预算监督权，包括收与支。那么到了地方人大，立法往往根据上位法原则来制定实施细则，空间并不大，对于人事任免，我们有中国特色的党管干部，人大在这方面空间也不大，然

而人大的一个工作重点就是围绕税收、财政支出在运转，所以把财政学归属于政治学也是可以的。这些在中国财政科学研究院刚刚出版的《中国赋税史》《新中国财税发展70年》中均有阐述。财政学还属于法学，财政的任何东西都要走法律程序，税收有税法，政府采购有《政府采购法》，转移支付现在也强调立法，整个财政预算要经过人大批准，它就是一个法律文件，所以财政学始终是以法的形态表现出来，所以我们称之为依法理财。财政学也可以框进社会学，它解决一些社会问题。什么是公共财政？张馨教授作了详尽的阐述。公共财政就是强调财政的社会性，对就业、医疗、养老的保障，我们称之为社会保障。有些专家还提出了民生财政，现在强调财政扶贫，财政扶贫、精准扶贫目前有了很大进展，当然也存在一些问题。公平问题要进行再分配、第三次分配。公平问题还涉及情感问题。财政学也考虑伦理学的因素，因此财政学与伦理学还存在关联。财政学的学科归属涉及很多知识面，对我们专家学者提出了挑战，出于人才培养的需要，要求我们要有一个比较合理的知识结构，要有广博的知识面，不能就财政论财政。

二、关于财政学科的创新性问题

自然科学和社会科学是有区别的，任务分工不同。自然科学是一门“精准”的科学，它解决的是技术问题；社会科学是一门“不太精准”的科学，社会科学解决的是认识世界与改造世界推动社会发展的问题。根据以上分析，财政学科博大精深，富有创新性，财政学科为我们专家学者提供了广阔的空间舞台，研究博大精深的财政学科是我们财政学者的神圣使命。

姚东旭
首都经济贸易大学

对于财政学的学科属性，我比较认同跨学科的观点。财政学最重要的研究问题有两个：其一是准确界定政府和市场的边界，也就是政府应该占有多少经济资源，其参与的经济活动应该止于何处；其二是对于政府占有的那部分经济资源应该怎么做得更好，更有效率。

我想就财政的基本问题与财政学科建设谈几点看法。

一、公共财政仍是财政的本质特征

在学术界和社会层面上，对这个问题的认识并不完全到位，很多人认为公共财政这个概念已经过时了。我不同意这种观点，公共财政理念肯定没有过时。我国是社会主义市场经济体制，市场在资源配置中起决定性作用，在市场经济条件下，公共性是财政的本质特征。当然，我国是社会主义经济制度，政府发挥的作用比一般市场经济体制的国家更大，财政的重要性也更强，但这并不意味着财政的本质特征已经从公共性转为其他什么属性，强调公共财政是财政的本质特征，这一表述在逻辑上是没有问题的。党的十八届三中全会明确市场在资源配置中起决定性作用，之后才是更好地发挥政府作用，底色是市场经济，市场经济下，政府的经济活动仍以满足社会公共需求，为社会提供公共产品为原则，公共性就是财政的本质特征。当然，我们可以深入研究社会主义市场经济条件下的公共产品范围，完善既有理论，通过理论延伸来解决既有理论不能很好地解决的问题，也许有一天真的创造出取代公共财政的理论。但是至少在现阶段，我们还是应该强调公共财政，强调公共性是财政的本质特征，将财政限定在为社会提供公共产品的范围，避免财政的越位和缺位。有些人在特定情况下强调财政某一方面的特征，以此证明公共性已经过时，我认为这是很不恰当的。例如有一段时间强调民生财政，那是因为那一阶段我们过于忽视民生，造成财政在民生领域投入不足，急需补足短板，这只不过是财政实践出现偏差之后的矫枉过正，不具有一般性，事实上民生也不能归结为财政的本质特征，毕竟在市场经济条件下民生问题总体上还是靠市场解决，财政的本质特征还是公共性。如果要抓本质特点，还没有替代公共性的概念。

二、既有财政基础理论仍有很强的实践指导价值

很多学者认为，伴随着财政实践的不断创新，既有财政理论已经落后于实践，对财政实践不具有解释力。我认为不是这样，财政理论仍有很强的解释力，对财政实践具有指导价值。事实上，理论落后于实践在哲学社会科学领域中很常见，财政学不比别的学科少，也不比别的学科多。改革开放这一伟大事业就是建立在广大人民群众不断地实践探索基础上的，很长时间都存在理论一定程度滞后于实践的情况。我们要判断理论是不是过时，是不是失去解释力，要

从整体上，而不是局部。只要从整体上看理论还具有解释力和指导价值，某些点上存在一定问题那是非常正常的。财政很多相关理论没有解释力了吗？不是，很有解释力，不管是平衡预算还是宏观调控，包括公共财政理论，这样的理论对实践有非常强的指导作用，我自己认为还是有很强的解释力的。当然，财政理论也需要与时俱进，不断发展，近年来我国学者围绕财政基础理论积极探索，形成了很多有价值的理论创新，这是非常值得肯定的，但包括公共财政理论在内的财政基础理论并未被取代，这些理论仍是财政理论体系中极其重要的组成部分。

三、财政学科的学科属性

对于财政学的学科属性，我比较认同跨学科的观点。财政学最重要的研究问题有两个：其一是准确界定政府和市场的边界，也就是政府应该占有多少经济资源，其参与的经济活动应该止于何处；其二是对于政府占有的那部分经济资源应该怎么做得更好，更有效率。前一个问题属于公共经济学研究范畴，探索的是政府和市场之间的关系，目的是合理划分政府和市场的边界，我们推动理论创新可以在这个地方做更多的工作。我国不同于其他国家，不同于一般意义上的市场经济国家，我国是中国共产党领导下的社会主义国家，我们在政府和市场的边界上会跟一般的国家不太一样，我们的政策目标中会加入更多公平的因素，加入更多均衡的因素，而解决问题的办法上，因为有共产党强有力的领导，调动公共资源的能力更强，其他经济体中成为约束性条件的，在我们国家也许能更好地解决。我国的财政实践为拓展公共经济学提供了更好的条件，不是要放弃它，最多也就是扬弃，沿着既有的基础理论框架进行更深入的研究。当然，我们也需要反思，例如公共产品就是非排斥性和非竞争性吗？我们是不是对公共产品理论有误读？后一个问题属于财政管理研究范畴。财政管理对于我们来说很熟悉，这是财政学固有的传统领域，研究政府如何更有效率地参与经济活动，内容包括税制、预算、绩效管理、政府采购、公债、国有资本管理等，这些都是财政管理的核心内容，主要解决政府掌握的财政资金应该如何更有效率地运用。

四、如何推进财政学科的建设

学科建设是一个系统工程，涉及方方面面。我觉得以下几点是对学科建设多维度的较好概括：以学科方向体现特色，以师资队伍体现实力，以科学研究体现水平，以人才培养体现质量，以服务社会体现贡献，以学术交流扩大影响，以基础条件支撑发展。对于我们学校的财政学科来说，我们非常强调的是学科方向，凝练方向来体现特色。而对财政学界来说，财政作为国家治理的基础和重要支柱，在社会经济中的作用越来越大，而财政学覆盖的领域十分宽广，每一个学者在自己擅长的领域有所分工，深入探索，共同推进学科的发展，相信财政学科会有着更加美好的明天。

专家研讨

ZHUANJIA YANTAO

王晓洁

河北经贸大学

现有的理论解释力不足，还得细想，不能笼统地说哪些理论需要更新，才能体现中国的特色。哪些现实是现有理论不能概括中国的发展规律而需要创新的，哪些理论可能确实不适用中国的现实而需要摒弃的，还有一些理论在我们的现实生活中发生了扭曲。

我谈一谈新时代中国特色社会主义财政基础理论，新文科、新要求对财政学的要求。

一是理论思维转变难。财政学科要把基础理论讲给学生，形成两个事实，现在培养的人才已经形成了一整套以西方经济理论为内核的思维方式，而一旦形成则很难改变。最近我正在参与一个课题——公共经济体系的构建，我负责的部分是公共产品的理论构建，即把公共物品按照一般的社会产品，从生产、分配、交换、消费视角，按照马克思的分析框架把公共产品的过程重构。但在写的时候发现，理论体系我是转不过来的，又重新学习马克思的资本论，最后还是无法驾驭这个问题。

二是现有的理论解释力不足，还得细想，不能笼统地说哪些理论需要更新，才能体现中国的特色。哪些现实是现有理论不能概括中国的发展规律而需要创新的，哪些理论可能确实不适用中国的现实而需要摒弃的，还有一些理论在我们的现实生活中发生了扭曲。我本身有这样的体会，在讲国有资产管理这门课程中涉及国有企业改革的时候，最大的问题就是国企效率低下，那么国企效率低下的原因是产权不清、政企不分，怎么理解政企不分，我自己是理解不了。

中国高等教育进入新时代，我们要适应新时代，赢得新时代，引领新时代，而且对新文科特殊的社会使命，没有文科教育的繁荣，高等教育就是低层次、初级阶段的教育。文科教育为理工科发展提供坚实的价值观支撑和价值道路的保障，提供了文科和理论的关系问题。在这个背景下对财政学提出了什么要求？我个人理解未来的财政学科改革一定是体现“三性”特征：（1）融合性。文理科的融合，比如说重点大学的实验班，中国人民大学财金学院、山东大学财政学院都建立了实验班，现在已经开始注重学科融合了。（2）体现工具理性和价值理性的平衡。财政更偏价值理性，新文科要求再体现工具性，现在的工具，如金融科技班，大数据法学，都建立了实验班，加入了信息技术等学科。加入了更多数学基础的东西，又加入了信息的东西，但是二者之间是需要平衡的。（3）创新性。仅仅加几门课程就是体现了新文科的要求吗？就是体现了我们对未来培养人才能力的要求吗？现在大家只是做到了形式上的创新，还没有做到真正意义上的创新，可能还需要长期的探索。

李　华
山东大学

关于财政基础理论创新的探讨，我们首先要明确创新点在哪里。财政，从本质上看是以国家为主体的政府理财；从起源上看，是基于公共（共同）需要；就模式而言，迄今我国提出的包括计划财政、公共财政和现代财政等；就财政运行中的管理理论而言，经历了行政管理、公共管理、公共服务、国家治理等领域的发展。我们目前所谈到的创新更多的是基于财政本源、财政模式和财政管理层面。

关于财政和财政学的发展，目前有三个不争的事实：党和国家高度重视，并给予了很高的定位；随着学科的发展，财政理论不创新；在国家发展和社会进步的大背景下，财政改革不断推进。但是另一方面，理论指导与实践运行之间存在一定的差距，高校中学科发展存在诸多困难，形势比较严峻。

关于财政基础理论创新的探讨，我们首先要明确创新点在哪里。财政，从本质上看是以国家为主体的政府理财；从起源上看，是基于公共（共同）需要；就模式而言，迄今我国提出的包括计划财政、公共财政和现代财政等；就财政运行中的管理理论而言，经历了行政管理、公共管理、公共服务、国家治理等领域的发展。我们目前所谈到的创新更多的是基于财政本源、财政模式和财政管理层面。

通过梳理传统公共行政理论、新公共管理理论、公共服务理论，我们发现公共管理理论的创新并不是跳跃式的，而是连续的，体现了政府管理、服务和治理的变化，适应了不同的阶段社会的发展要求。

以官僚制思想为基础的传统行政管理体制，政府的职能是以管理为特征的，官僚制行政的建立较好地适应了机器大工业生产对政府职能所提出的要求，但是也容易引发合作协调不力、行政层级和政府规模膨胀、权力中心主义和政府行为僵化等问题。新公共管理提出利用激励来实现生产率，政府改革的方向是建立“企业家型政府”。新公共服务理论中，强调公正、公平、回应性、尊重和承诺，这一行为基准超越了把效率作为政府工作唯一标准的价值观。我国提出建设“服务型政府”“企业型政府”“学习型社会”，为公众提供优质、高效、便捷的公共产品和公共服务，是时代发展的要求，也是政府部门的重要职责，是转变政府职能、建设服务型政府的应有之义。

“治理”一词在社会科学中广泛应用，起源于世界银行在1989年发表的报告《撒哈拉以南的非洲：从危机走向可持续增长》，在其中把治理作为分析和解释这一地区经济成功的核心概念。1992年世界银行发布《治理与发展》报告，1995年全球治理委员会发布《我们的全球伙伴关系》报告。西方国家治理理论产生的背景一是市场和等级制的调节机制发生危机；二是西方福利国家产生了管理危机，即社会资源的配置中市场和国家的双重失效。由此，也就提出了用治理代替统治的理念，同时也出现了在社会整体框架内综合布局的思路。

中国学者也分析了治理理念下政府的行为模式及其变化，包括：一是分权导向，从一元化到多元化；二是社会导向，寻求新型国家—社会关系；三是服务导向，从统治行政走向服务行政。但是关于治理主体，现有以市场、网络和国家为中心的三种不同理论。市场视角的治理理论其主要思想来源于经济学理论；以网络为中心的国家治理学派认为现代社会中公共政策的制定和执行越来越依赖于国家与社会领域内多元主体之间的双向互动；以国家为中心的国家治理学派认为治理就是政府的行为方式。以市场为中心的国家治理派系从经济学的视角出发就如何充分发挥市场的作用、如何从理性经济人的角度出发限制政府的作用进行阐释，但是忽视了政治制度和机构的独特性，将国家资源配置简单等同于市场资源配置，忽视了国家配置资源的政治性和必要性；以网络为中心的国家治理学派强调单一中心的主体进行治理时的局限和多元化的主体针对特定政策领域进行治理的优越性，强调多样化的社会组织与团体在政策制定过程中的作用，但过分夸大了外界因素对政府处理公共事务方面的影响，片面地将政府的角色界定在国家和社会的互动关系中。以国家为中心的国家治理学派注重政府和政治力量的作用，但是忽略了社会中其他力量对社会发展的作用。

实际上，国家治理体系重点要解决政府、市场和社会的有机统一问题。国家治理的地位以及如何实现治理主体之间的相互合作就是一个关键的问题。尤其是对于中国，如何构建契合中国经济和社会现实、适应改革进程的治理体系是当前在市场经济发展的新阶段下需要着重考虑的问题。

财政学理论和成果非常丰富，有一个问题容易引发我们的思考——为什么会有不同阶段的学派和观点？财政理论的创新是包容性创新还是断代性的创新？公共财政理论完善和财政实践的优化是新的财政理论吗？财政（经济）学和公共财政，基本上是从经济学视角研究财政，如今要跳出经济学看财政、跳出经济做财政。财政是国家治理的基础与重要支柱这一定位，要求我们在新时代从更高层面上发展财政和财政学。这种创新我认为是伴随着体制的转变和政府运行模式的改变，不断探索不同时代和不同国情的财政问题一个表现。

植根于中国特色的新时代的财政，可以从以下方面来理解：从发展阶段来看，我们处在经济高质量发展、实现社会公平、承担大国责任的历史时代；就中国特色而言，政治制度上我们坚持中国共产党的领导、实行人民代表大会制度；政府行为目标是以人民幸福为己任，具有与他国不同的执行力；从所有权上看，我们实行土地公有制制度，政府和全体公民拥有庞大的国有资产和资源；从特定的社会价值体系看，强调劳动的作用，重视劳动与资本的关系；从人口流动的管理制度上看，我们有实行多年的户籍制度。在这些特有的社会价值体系和管理制度基础上，我们应建立具有中国特色、符合时代发展要求的财政学和财政制度。

后　记

党的十九届四中全会对我国国家制度和国家治理体系的多方面优势进行了总结，强调这些显著优势是我们坚定中国特色社会主义道路自信、理论自信、制度自信、文化自信的基本依据。正值全党全国上下认真学习并贯彻落实党的十九届四中全会精神之际，中国财政学会在长沙召开了“新时代中国特色社会主义财政基础理论暨财政学学科建设”研讨会。财政是国家治理的基础和重要支柱，在推进国家治理体系和治理能力现代化的大背景下，与会专家深入研讨中国特色社会主义财政基础理论创新与财政学学科建设问题，意义重大。

习近平总书记在2016年5月召开的哲学社会科学工作座谈会上强调，要构建体现中国特色、中国风格、中国气派的哲学社会科学，打造具有中国特色和普遍意义的学科体系。2017年4月，在中国财政学会2017年年会暨第21次全国财政理论研讨会上，与会专家学者就一致认为：用西方范式讲中国故事存在很多问题，亟须构建中国特色财政理论体系；应基于中国财政改革实践进行理论创新，创建中国特色财政学派；应从政治、经济和社会多维度看待财政理论及其学科属性与定位，而不是局限于经济学范畴。遵循着构建中国特色社会主义财政基础理论的主线，中国财政学会已分别组织了廊坊、泰安研讨会，每次研讨会都精彩纷呈，形成了丰富的研讨成果。

此次会议是中国财政学会继廊坊、泰安会议后组织召开的第三次研讨会。此次研讨一方面在以往两次聚焦财政基础理论创新的方向上进一步深入，另一方面也把财政学科建设这一重要问题纳入研讨范围，形成了诸多共识。首先，财政基础理论创新要解决逻辑起点问题。主流财政学以市场失灵为逻辑起点存在明显的局限性，是财政经济学的分析范式，且基于个人主义的方法论。有专家就提出，公共风险是能够覆盖国家多维治理要求的概念与范畴，公共风险最小是比社会福利最大更加全面、稳定、客观的价值理念。其次，明确财政基础理论的创新方向很重要。有专家认为，公共风险论能够更好地解释政府为什么提供服务与产品，使财政学凸显综合学科的特点。有专家提出，市场经济对原有的社会公共秩序产生剧烈冲击，并对国家治理不断提出新的要求和带来新的挑战，从公共秩序角度思考财政的理论支点、职能和作用，会有很多新的发现。当前财政学人才培养存在“去财政化”的倾向，主要原因是缺少独特的话语体系。与会专家认为，财政学学科建设和专业建设不是一回事，前者是追求真理、构建知识体系，后者是人才培养，应把财政学作为一门基础课程，让每个学生都具有公共意识。

简单地总结和梳理难以全面反映此次研讨会的成果全貌，中国财政学会把研讨成果荟萃并结集出版，在记录财政基础理论创新步伐的同时，为有志于从事财政基础理论研究的专家学者和期望了解财政学学科发展前沿的读者提供全面的支撑材料。在此，向奉献精彩观点的与会专家学者、为研讨会顺利召开而辛勤奉献的各理事单位及相关同仁、为本书付梓而不辞劳苦的各位工作人员致以衷心的感谢！

中国财政学会秘书处

2020年11月